C.H.BECK ■ WISSEN

in der Beck'schen Reihe

W0049354

Dieses Buch bietet einen konzisen und kompetenten Überblick über die Literatur der Römer, und zwar nach Gattungen gegliedert. Die Epocheneinteilung ist zugunsten der Zusammenstellung verwandter Erscheinungen aufgegeben. Angesichts des knappen Umfangs können nur die jeweils wichtigen Vertreter einer Gattung vorgestellt werden. Somit liegt eine kurze Einführung in Epos, Lehrgedicht, Drama, Satire, Lyrik, Geschichtsschreibung, Roman, Brief, rhetorische und philosophische Schriften, Antiquarisches und Fachschriftstellerei vor. Ein Ausblick auf die spätantike, insbesondere die christliche Literatur beschließt den Band.

Thomas Baier lehrt als Professor für Klassische Philologie an der Universität Würzburg.

Thomas Baier

GESCHICHTE DER RÖMISCHEN LITERATUR

Verlag C.H.Beck

Originalausgabe
© Verlag C.H.Beck oHG, München 2010
Satz, Druck u. Bindung: Druckerei C.H.Beck, Nördlingen
Umschlagabbildung: Schulszene, römisches Relief,
2./3. Jahrhundert v. Chr., Trier, Rheinisches Landesmuseum.
© akg-images/Erich Lessing
Umschlagentwurf: Uwe Göbel, München
Printed in Germany
ISBN 978 3 406 56246 4

www.beck.de

Inhalt

Römische Literatur

Graecia capta ferum victorem cepit et artes / intulit agresti Latio
(«Griechenland unterwarf besiegt seinen rohen Sieger und
brachte Künste ins ländliche Latium», Hor. epist. 2,1,156 f.).
Diese oft zitierten anderthalb Verse umreißen die Ausgangslage
der römischen Literatur. Sie begann unter griechischem Einfluß
nach rund einem halben Jahrtausend literaturloser Zeit in Rom.
Die Stadt wurde nach Varros Datierung 753 v. Chr. gegründet.
Im Jahr 240 v. Chr. erhielt Livius Andronicus von den Ädilen
den Auftrag, eine *fabula*, also ein Theaterstück, aufzuführen.
Das literarische Leben begann somit durch ein magistratisches
Edikt, gleichsam auf Befehl. Was war passiert? Rom hatte soeben im Ersten Punischen Krieg (264–241 v. Chr.) die reiche
Handelsmacht Karthago besiegt und sich Sizilien als Provinz
einverleibt. Hatten die Karthager zu Beginn des Krieges noch
geglaubt, gegen ihren Willen könnten die Römer nicht einmal
ihre Hände im Meer waschen (Diod. 23,2,1), sahen sie sich nun
einer ebenbürtigen, wenn nicht überlegenen Seemacht gegenüber. 237 v. Chr. ging Rom erneut gegen den noch geschwächten
einstigen Kriegsgegner vor und entriß Sardinien dem karthagi-
schen Einflußbereich. Das machtpolitisch selbstbewußte Rom
wurde in der hellenistisch geprägten Mittelmeerwelt zunehmend argwöhnisch beobachtet. Es sah sich, wie es aufstrebenden Mächten, die die Bühne der Weltgeschichte betreten, zu ergehen pflegt, mit dem Vorwurf kultureller Rückständigkeit und
parvenühaften Auftretens konfrontiert. Im Zweiten Punischen
Krieg (218–201 v. Chr.) scheint es in Form der Geschichtsschreibung geradezu eine antirömische Kriegspropaganda gegeben zu
haben. Ihr antwortete Fabius Pictor mit der ersten römischen
Geschichte, verfaßt in griechischer Sprache. Die Sprachwahl
hängt zum einen damit zusammen, daß das Latein für die Gattung noch nicht entwickelt war, zum anderen aber auch mit dem

Adressatenkreis. Der publizistische ‹Krieg›, den Fabius mit den Waffen der Literatur führte, dokumentiert die kulturelle Herausforderung, vor die sich Rom im 3. Jahrhundert gestellt sah und die in dem zitierten Horazvers nachklingt.

Das Motiv für den Auftrag an Livius Andronicus, ein Theaterstück aufzuführen, dürfte also ein politisches gewesen sein. Dieser ‹äußere› Anstoß für den Beginn des literarischen Lebens hat Folgen für die Eigenart der römischen Literatur. Anders als in der griechischen Literatur, aber auch in den europäischen Nationalliteraturen, stehen in Rom am Anfang Epos und Tragödie. Beide Gattungen pflegen sich sonst auf dem Höhepunkt einer literarischen Entwicklung auszubilden, in Rom werden sie indes auf ‹Bestellung› geschaffen. Der römische Sonderfall war nur deshalb möglich, weil die römische Literatur eine aus der griechischen abgeleitete ist, die von fremden Voraussetzungen lebt. Originalität bedeutet ihr nicht die Schöpfung von etwas noch nie Dagewesenem, sondern *interpretatio Romana* (Begriff nach Tac. Germ. 43,4: ‹Auslegung in römischem Sinne›) von Vorgeprägtem. *Imitatio* («Nachahmung») und *aemulatio* («Wettbewerb») bestimmen ihre Eigenart.

Der vorliegende Band gibt einen Einblick in die Literatur der Römer, und zwar nach Gattungen gegliedert, wobei eine Beschränkung auf die jeweils wichtigen Vertreter erfolgt. Die Epocheneinteilung ist zugunsten der Zusammenstellung verwandter Erscheinungen aufgegeben. Den Endpunkt markiert das Jahr 238, in dem die epigonale antiquarische Schrift des Censorinus erschien, das letzte genau datierbare Werk der römischen Literatur. Die lateinische Literatur lebte nach 240 freilich weiter. Doch lagen ihre Zentren nicht mehr unbedingt in Rom, sondern an den Rändern des Reiches, besonders in Nordafrika. Zwar stammten auch zwischen 240 vor und 240 nach Christus nicht wenige Autoren aus den Provinzen. Ihr Denken und Schreiben aber war durch Rom geprägt, und meist hatten sie auch in der Hauptstadt ihre Ausbildung genossen. Das trifft auf die spätere lateinischsprachige Literatur nicht mehr zu. Durch den Siegeszug des Christentums erhielt sie nicht nur neue Themen, sondern auch ein anderes Gepräge als die Hervorbringungen der paganen Epoche. War diese Literatur im wesentlichen hoch stilisiert und auf ein gebildetes Publikum berechnet, scheint die Literatur der Spätantike ein breiteres Publikum anzusprechen. Auch nimmt das Schrifttum der Spätantike an Umfang ein Vielfaches dessen ein, was vor 240 überliefert ist. Der Paradigmenwechsel, der sich vollzogen hat, mag durch einen Blick auf die Schriften des Neuen Testaments deutlich werden: Die Lebensgeschichte Jesu ist ein welterschütternder Stoff, der jedoch in schlichtem Griechisch erzählt wird. Vermutlich hätte eine Polizeiaktion wie die Verhaftung Jesu nicht einmal die Dignität besessen, um von zeitgenössischen Autoren paganer Prägung überhaupt dargestellt zu werden. Das Christentum tritt also inhaltlich und stilistisch mit einer ‹unmöglichen› Literatur in die hellenistische Welt ein. Der *sermo humilis* («niedere Stil»), das ‹irdene Gefäß› (Paulus 2 Kor. 4,7), ist nicht Ausdruck des Unvermögens, sondern der Überzeugung, daß der Inhalt, nicht die Form entscheidet und daß alle Menschen sich angesprochen fühlen sollen (Aug. doct. christ. 4,35). Diese heute selbstverständliche Vorstellung ist dem paganen Literaturbegriff fremd.

Epos

LIVIUS ANDRONICUS war ein gebürtiger Grieche, vermutlich aus Tarent, und kam als Kriegsgefangener in der Folge des Tarentinischen Krieges nach Rom. Im Hause des M. Livius Salinator oblag ihm der Unterricht der Söhne seines Herrn. Der Profession des *grammaticus* blieb er auch nach seiner Freilassung verpflichtet. Sueton (gramm. 1) hebt die Pionierleistung des Livius hervor, der sich ebenso wie nach ihm Ennius in einer *rudis ac bellicosa civitas* («unkultivierten und kriegerischen Bürgerschaft»), die für Literarisches nichts übrig hatte, dem Dienst an den Freien Künsten verschrieb. Sein Unterricht bestand im *interpretari*, im «Übersetzen und Erläutern» der Griechen. Außerdem las er nach dem Zeugnis Suetons auch eigene lateinische

Werke vor (*praelegebat*). Möglicherweise ist damit auf die *Odusia*, eine lateinische *Odyssee*-Version, angespielt, die mindestens bis zu Horazens Zeit (epist. 2,1,61 f.) Schulbuch blieb. Die Datierung von Livius' Wirken in Rom war bereits in der Antike umstritten (Cic. Brut. 72). Während Accius sein Debut in Rom auf das Jahr 209 datiert, verficht Cicero mit guten Gründen und wohl unter Rückgriff auf Varros Arbeiten zum römischen Theater das Jahr 240. 207 v. Chr. erhielt Livius den staatlichen Auftrag, ein Sühnelied für einen Chor von 27 Jungfrauen zu dichten. Der Historiker Livius (27,37) berichtet von der Prozession, bei der es vorgetragen wurde. Über die Qualität dieser Dichtung fällt er ein zwiespältiges Urteil; es sei *forsitan laudabile rudibus ingeniis, nunc abhorrens et inconditum si referatur* gewesen («ungebildeten Gemütern vielleicht lobenswert, heute aber abstoßend und ungeschlacht, wenn man es vortrüge»). Als Dank wurde den Dichtern und Schauspielern der Minervatempel auf dem Aventin als Versammlungs- und Kultort zugewiesen. Sie waren damit offiziell als Stand anerkannt.

Die *Odyssee*-Übersetzung des Livius Andronicus gilt als erstes Epos in Rom. Sie war im Saturnier abgefaßt, einem Versmaß, das Horaz (epist. 2,1,157 f.) als *horridus* («struppig») und *grave virus* («zähen Schleim») verurteilt. Vermutlich verwendete man dieses Metrum auch für Orakelsprüche und ähnliches. Ennius spricht, durchaus abwertend, von *versibus quos olim Fauni ... canebant* («Versen, in denen einst Waldschrate sangen», ann. 214). Offenbar war der griechischen Ursprüngen verpflichtete Saturnier dem italischen Publikum so vertraut, daß es ihn als einheimisch empfand. Aus heutiger Sicht ist die Leistung des Livius günstiger zu bewerten. Seine Wahl des von den Späteren als ‹ungepflegt› empfundenen Saturniers sollte wohl einen Beitrag zur Romanisierung Homers leisten, und im übrigen sperrte sich auch die literarisch bisher ungeformte lateinische Sprache aufgrund ihrer prosodischen Struktur noch dem flüssigen Gebrauch des Hexameters. Ihn bezwang eigentlich erst Vergil mit geschmeidiger Eleganz.

Die Tätigkeit des *grammaticus*, die Livius ausübte, war in allen griechisch geprägten oder beherrschten Städten Italiens verbreitet. *Interpretari* («auslegen») und *praelegere* («vortragen») sind Termini technici für die Tätigkeit des Sprach- und Elementarlehrers. Als solcher dürfte Livius mit ‹modernen› Strömungen der Literatur vertraut gewesen sein. Das Verdikt des großen hellenistischen Stilvorbildes Kallimachos (3. Jh. v. Chr.), der es ablehnte, wie Homer zu schreiben, wird ihm bekannt gewesen sein. Wenn er dennoch in die Fußstapfen des *Odyssee*-Dichters trat, so geschah dies wohl aus dem Ehrgeiz, wie sein nur wenig älterer griechischer Zeitgenosse Apollonios Rhodios Homerisches und Kallimacheisches zu verbinden. In dieser Perspektive erscheint Livius als ein Neuerer, der versuchte, den Anschluß der gerade erst aufkeimenden römischen Literatur an die griechische herzustellen. Der philologische Charakter seiner Dichtung – auch dieser verbindet ihn mit hellenistischen Poeten – zeigt sich etwa in der Wahl schon zu seiner Zeit veralteter Formen, wie *Duellona* statt *Bellona* («Kriegsgöttin») oder des Vokativs *filie* (statt *fili*, «Sohn!»). Livius wollte also verschiedene Sprachschichten reproduzieren und durch Altertümliches und Entferntes einen feierlichen Ton heraufbeschwören. Zugleich definierte er als erster das Prinzip der *imitatio* als eine Form des Wettbewerbs mit dem Vorbild, also der *aemulatio*.

Weshalb wählte er gerade die *Odyssee* als Modell? Odysseus war auf seiner Irrfahrt auch nach Italien gekommen. Nach Hesiod (theog. 1011–1014) hat er dort mit der Zauberin Kirke drei Söhne gezeugt, Latinos, Agrios und Telegonos. Ersterer gilt als Stammvater der Latiner, letzterer als Gründer von Tusculum. Die sog. *Telegonie* (Hygin. fab. 127) bekräftigt die genealogische Verbindung zwischen Odysseus und den Italern. Odysseus galt den Römern somit als einer der Ihren. Sie sahen in ihm einen Ahnherr, das Thema der *Odyssee* gehörte zu ihrer Vorgeschichte, das Interesse an diesem Epos war historisch-aitiologisch begründet. Damit ist gleich am Anfang der Gattung das römische Gemeinwesen als maßgeblicher Bezugspunkt festgelegt. Die Dichtung reiht sich in den größeren Kontext der politischen Auseinandersetzungen im Mittelmeerraum ein. Welche aktuelle Bedeutung die mythische Vorzeit für die Tagespolitik im 3. Jahrhundert erlangte, erhellt etwa aus der Tatsache, daß sich Pyrrhus 281 im Kampf gegen die Römer als Nachfahr Achills sah (Paus. 1,12,1) oder daß die Griechen Münzen mit dem Bildnis Didos prägen ließen, die Römer dagegen die Stadtgöttin Rhome auf ihren Münzbildern bisweilen als Tochter des Odysseus interpretierten und als erfolgreiche Gegenspielerin Didos profilierten.

Der erste Vers der *Odusia* zeigt, daß der Ton nicht derjenige Homers war: *virum mihi, Camena, insece versutum* («Den Mann nenne mir, Camene, den gewandten»). Aus den Musen wurden die in Italien beheimateten *Camenen*, der schon zu Livius' Zeit archaische Imperativ *insece* bildet das *énnepe* («sage») des homerischen Epos nach, *versutum* ist ebenso polyvalent wie das griechische *polýtropon* («vielgewandt») an derselben Versposition des homerischen Originals. An späterer Stelle wird *Mnemosýne*, die Mutter der Musen, im Sinne konsequenter *interpretatio Romana* zu (*Iuno*) *Moneta*, die griechische Schicksalsgöttin *Moíra* zu *Morta* (von *mors*, «Tod»). Das einzige in den Fragmenten erhaltene griechische Wort, *eglutrum*, findet sich bei Homer nicht – er nennt die damit bezeichnete Opferkanne *próchoos*. Man sieht, Homer wird nicht imitiert, sondern im Sinne eines Wettstreits ‹umspielt›. Statt Entlehnungen bevorzugt Livius Andronicus Lehnübersetzungen, etwa *flos Liberi* («Blume des [Weingottes] Liber») für *ánthos oínou* (griech. «Blume des Weines»). Ciceros relativierendes Urteil (Brut. 71) über Livius Andronicus wird dem innovativen Charakter der *Odusia* nicht gerecht. Mit ihr tritt Rom vielmehr in die literarische Welt des Hellenismus ein.

Cn. Naevius hatte seine Akme in der zweiten Hälfte des 3. Jahrhunderts. Er wurde wohl in Capua (nach Gell. 1,24,2) geboren und starb nach 204 in Utica (Nordafrika). Im Ersten Punischen Krieg diente er als Soldat (nach Gell. 17,21,45), im Zweiten nahm er für Q. Fabius Maximus Cunctator Partei gegen Scipionen und Meteller. Gegen letztere ist im Stile mündlicher Spottverse, wie sie etwa bei Triumphzügen über siegreiche Feldherrn ausgegossen zu werden pflegten, ein Pasquill erhalten: *Fato Metelli Romae fiunt consules*. Die Bedeutung ist nicht zweifelsfrei zu erschließen: «Zum Verderben (oder durch Schicksal, nicht durch Verdienst) werden die Meteller in Rom Konsuln.» Diese revanchierten sich auf gleicher Ebene mit folgendem Saturnier: *Malum dabunt Metelli Naevio poetae* («Saures werden die Meteller dem Dichter Naevius geben»). Dies taten sie denn auch und ließen den Spötter 206 verhaften. Er starb in der Verbannung in Utica.

Aus Naevius' historischem Epos *Bellum Poenicum* sind nur wenige Verse erhalten. Wie aus dem Titel hervorgeht, war das Thema der Erste Punische Krieg, der wohl aus seiner mythischen Vorgeschichte erklärt wurde. Möglicherweise verarbeitete Naevius bereits die später aus Vergils *Aeneis* bekannte Dido-Geschichte als Aition («Ursprungsgeschichte») für die Feindschaft zwischen Karthago und Rom (fr. 17). Es lassen sich aus dem Erhaltenen drei Themenkreise herausschälen: 1. Aeneas' und Anchises' Abfahrt aus Troja mit Gefolge, 2. Die Überfahrt nach Italien mit Seesturm und Aufenthalt in Karthago, 3. Die italische Vorgeschichte Roms. Cicero (Brut. 75) fällt auch über dieses Epos ein ambivalentes Urteil, indem er es mit einem Werk des Myron vergleicht, dessen Skulpturen zwar gut, aber nicht perfekt seien. Die Fragmente werden sieben Büchern zugeordnet, wobei die Bucheinteilung von dem Philologen Octavius Lampadio stammt (Suet. Gramm. 2,4). Man geht von einem Gesamtumfang des Werks von ca. 5000 Versen aus, einer Länge demnach, die dem Ideal eines damals ‹modernen›, also hellenistischen Epos entspricht. Aristoteles (Poet. 40,1459b 20 ff.) nennt als Norm für ein Epos das Maß einer Tragödientrilogie. Naevius' Werk dürfte stärker von hellenistischer Kunst geprägt sein, als seine späteren Kritiker ihm zugestehen. Die Vorgeschichte des Krieges wird im Anschluß an die Belagerung von Agrigent (264–262 v. Chr.) ‹nachgeholt› – ähnlich wie auch der homerische Odysseus am Phäakenhof seine bisherige Reise in den sog. ‹Apologen› (Bücher 9–12) im Rückblick nachträgt, so daß das Epos mitten in der Handlung beginnen kann. Diese Technik erlaubt einen spannenden Einstieg *in medias res.* Naevius bediente sich zur Erläuterung der mythischen Kriegsgründe einer Ekphrasis («Kunstbeschreibung») des Figurenschmucks am Zeus-Tempel von Agrigent, den die Belagerer vor sich hatten und aus deren Perspektive vermutlich erzählt wird: *Inerant signa expressa* [...] («Darauf befanden sich figürliche Darstellungen [...]», fr. 8). In *inerant* klingt der im Griechischen typische Ekphrasis-Beginn (*éneisin*, «darin sind dargestellt ...») nach, was die Nachahmung eines hellenistischen Musters annehmen läßt. Hellenistische Gelehrsamkeit verrät auch die Lust an Ursprungsmythen und Etymologien (frr. 12; 27–29). Welche sprachliche Kraft Naevius selbst im ungeschlachten Saturnier zu entfalten wußte, belegt etwa ein Vers, der ein Urübel römischer Patrizier, den Hochmut, anklagt. Als 249 Appius Claudius Pulcher Bundesgenossen hochfahrend zur Rede stellt, findet Naevius dafür folgenden durch e-Assonanz, Alliteration und Positionierung der Kernbegriffe im Zentrum ausbalancierten Vers: *superbiter contemptim conterit legiones* («Hochmütig und voller Verachtung zermalmt er die Truppen», fr. 42).

Q. ENNIUS (geb. 239 v. Chr. in Rudiae [Kalabrien], gest. 169 v. Chr. in Rom) führte in Rom den Hexameter ein und darf nach Livius Andronicus gleichsam als zweiter Begründer des Epos gelten. Heimat und Wirkungsstätte umfaßt der Autor selbst in einem Vers: *Nos sumus Romani, qui fuimus ante Rudini* («Wir sind [jetzt] Römer, die wir einst in Rudiae daheim waren», fr. 377). Des Griechischen, Oskischen und Lateinischen mächtig, bekannte er sich zu ‹drei Seelen› (*tria corda*) in seiner Brust. Prägend wurde für ihn der Zweite Punische Krieg, in dessen Verlauf er Cato kennenlernte, der ihn nach Rom brachte. Dort fand er Kontakt zu höheren Kreisen. Zu seinen Gönnern zählten Scipio Africanus und Scipio Nasica. 184 erhielt er römisches Bürgerrecht. M. Fulvius Nobilior nahm ihn 189 auf seinen ätolischen Feldzug mit. Der nur in Bruchstücken erhaltene Nachlaß des Dichters besteht aus 18 Büchern *Annales* in Hexametern, vier Büchern Satiren, mindestens 20 Tragödien, zwei Prätexten, Palliaten sowie kleineren Gedichten.

Die *Annales* schildern die mythischen Anfänge Roms und seine Geschichte von Aeneas' Flucht bis zu Ennius' Gegenwart.

Von den 18 Büchern sind nur etwa 600 Verse erhalten. Die sten drei Bücher behandelten die Frühzeit (1) und die Königszeit (2–3), die zweite Triade die Eroberung Italiens bis zur Auseinandersetzung mit Karthago, die ihrerseits die Bücher 7–9 füllte. Sodann war in der folgenden Triade (10–12) der Makedonische Krieg gegen Philipp V. behandelt. Die Bücher 13–14 schilderten den Krieg gegen Antiochos, Buch 15 den Kampf des Fulvius Nobilior gegen die Aetoler. Die Bücher 7 und 10 hatten am Anfang ein Prooöm mit Musenanrufung. Buch 16 hat Ennius separat herausgegeben. Es enthält die Taten eines Brüderpaars im Istrischen Krieg (178–177 v. Chr.). Über den Inhalt der letzten beiden Bücher läßt sich keine Aussage treffen.

Ennius stilisierte sich bewußt als Wiedergeburt Homers, dessen Seele – nach pythagoreischer Vorstellung – in ihn übergegangen sei. Wie diesem waren ihm die griechischen Musen Quelle der Inspiration. Damit setzte er sich von seinen römischen Vorgängern Livius Andronicus und Naevius ab. Homerisierend ist die Verwendung von Epitheta und Gleichnissen, alexandrinischer Technik verdanken sich die Exkurse, z. B. zur Vorgeschichte Karthagos (7. Buch), römisch sind der Gehalt und die würdevolle Schwere der Sprache. Cicero pries ihn *poetam egregium* («vortrefflichen Dichter», Tusc.disp. 3,45), Vergil ehrte ihn durch wörtliche Zitate. Ennius' nachhaltiges Verdienst liegt in der planmäßigen Schaffung einer lateinischen Literatursprache, indem er das Lateinische dem Hexameter gefügig machte. Da dieses Versmaß nur Daktylen und Spondeen zuläßt, lassen sich Wörter, die einen Kretikus (- ∪ -) oder einen Tribrachys (∪ ∪ ∪) enthalten, nicht verwenden. Ennius begegnete diesem Problem teils durch Neuprägungen (z. B. *induperator* für *imperator*), teils durch Apokopen («Abschlagen von Silben») am Versende (z. B. *altisonum cael* = *caelum*, «hochdröhnender Himmel») oder durch eine kühne Tmesis («Wortzertrennung»: *saxo cere- comminuit -brum*, «mit einem Fels zertrümmerte er das Hirn», fr. 609), wobei im letztgenannten Beispiel Aussage und Form grausig harmonieren. Alliterationen nahm Ennius als Erbe der mündlichen Dichtung bereitwillig in sein Werk auf und steigerte die naiv-barbarische Schmuckform

zu manisch-manierierter Spielerei. Dieser Neigung verdanken
sich klingende Grotesken wie: *O Tite tute Tati, tibi tanta ty-
ranne tulisti* («So viel hast Du, Titus Tatius, als König erduldet»,
fr. 104) oder *At tuba terribili sonitu taratantara dixit* («Indes
schmetterte die Trompete mit schrecklichem Klang ‹taratantara›», fr. 451). Bei aller Monstrosität zeigen die Beispiele, wie
sehr sich Ennius am Sinnlichen der Sprache erfreute, mit Klang-
effekten operierte.

Gemeinsames

Formal lassen die drei Epiker das Bestreben erkennen, an das
griechische hellenistische Epos anzuschließen und damit Rom
als Teil der hellenistischen Welt auszuweisen. Inhaltlich bezogen
sich die Epen affirmativ auf die römische Geschichte. Sie dien-
ten dem Gemeinwesen, indem sie dessen herausragende Männer
und Sitten verherrlichten. Ennius hat dies programmatisch for-
muliert in dem Vers: *moribus antiquis res stat Romana virisque*
(«durch altehrwürdige Sitten und Männer hat die römische Sache Bestand», fr. 156). Der Literatur wuchs somit eine staatstra-
gende Funktion zu. Die Wahl der Gattung durch die frühen
Autoren dürfte sich vor allem an der Dignität des Genus orientiert haben. Epos und Tragödie erschienen als die würdigsten
Gattungen für die Aufgabe. Blickt man auf den sehr freien, bisweilen unklaren Bau des Saturniers, so fragt sich, ob am Anfang
der Literatur die Trennung zwischen Prosa und Dichtung überhaupt so deutlich und so selbstverständlich war, wie sie in späterer Zeit erscheint. Die Übernahme des Hexameters durch
Ennius bildet gewiß eine Zäsur. Der Beginn der Literatur als
Auftragsdichtung bedingte, daß man fertige Gattungen aus
Griechenland übernahm: Die schriftlich verfaßten homerischen
Epen stehen in einer langen mündlichen Rhapsoden-Tradition;
sie stellen in ihrer Art einen Höhe- und zugleich einen Endpunkt
dar. Die Römer knüpften daran an und versuchten, das griechische Epos nicht nur in ihre Lebenswelt zu übertragen, sondern
es zu einer affirmativen, staatstragenden Gattung umzuformen.
Sie bedienten sich der kulturellen Leistungen derer, von denen
sie als Barbaren verunglimpft wurden. Die früheste römische

Literatur war ein Mittel der kulturellen Selbstbehauptung, flankierte mithin die militärischen Taten der Römer. Horaz hat in seiner satirischen Literaturgeschichte der Römer und Griechen zu Recht erkannt, daß in Griechenland die Kunst aus «ziellosem Spiel» erwachsen sei (*nugari*, epist. 2,1,93), wohingegen die Römer zuerst gefragt hätten, welcher «Nutzen» daraus erwachse (*utile*, epist. 2,1,162 f.). Wer war das Publikum der ersten römischen Dichter? Diese Frage läßt sich kaum beantworten; da der Inhalt der Epen aber auf eine Fortsetzung der Politik mit anderen Mitteln verweist, wird man nicht fehlgehen in der Annahme, daß in erster Linie gebildete Patrizier und Mitglieder des Senatorenstandes angesprochen werden sollten.

Eine ähnlich affirmative Haltung zum römischen Staat wie die frühesten drei Epiker brachte erst wieder P. VERGILIUS MARO (geb. 70 v. Chr. in Mantua, gest. 19 v. Chr. in Brundisium) auf. Er beendete die anderthalb Jahrhunderte während Pause des historischen Epos in Rom. Über Vergils Leben unterrichtet die auf Sueton zurückgehende *Vita* des Aelius Donatus (4. Jh. n. Chr.). Davon unabhängig existieren eine unter Servius' Namen überlieferte und eine auf Probus zurückgehende Lebensbeschreibung. Vergil begann seine Ausbildung mit grammatischem Unterricht und der Lektüre griechischer und lateinischer Autoren in Cremona und Mailand und ging nach dem Anlegen der Männertoga mit 15 Jahren zum Rhetorikstudium nach Rom. Eine wohl geplante politische Laufbahn brach er ab, da er sich dafür nicht geeignet fühlte. Der einzige von ihm geführte Prozeß endete im Mißerfolg. Er zog weiter nach Neapel, wo er sich dem Kreis des Epikureers Siro anschloß. Dort dürfte er auch Philodem kennengelernt haben, dessen Interpretation und Vermittlung der Lehren Epikurs die Philosophie des Kepos («Garten», d. h. den Epikureismus) für die Römer erst attraktiv machte. Seine Familie verlor nach den Wirren der Bürgerkriege im Zuge der Landanweisungen ihr Gut, wurde aber entschädigt; dies jedenfalls ergibt eine autobiographische Interpretation der ersten Ekloge. Einflußreiche Freunde waren der Elegiker Cornelius Gallus sowie der Feldherr und Politiker Asinius Pollio, der die erste öffentliche Bibliothek in Rom errichtete und seinerseits mit Tragödien und Historien literarisch an die Öffentlichkeit getreten war. Dieser führte ihn in den Kreis des Maecenas ein und machte ihn wohl auch mit Octavian bekannt. Der Prinzeps schätzte Vergil außerordentlich und verfolgte seine Arbeit mit Anteilnahme. Vergils Ruf wurde mit den *Bucolica* begründet, die vermutlich zwischen 42 und 39 entstanden. Von 37/36 bis 30/29 arbeitete er an den *Georgica*, die er Octavian 29 in Atella vorlas. Von 29 bis 19 entstand die *Aeneis*. Schon das begonnene Werk versprach, die *Ilias* an Bedeutung zu übertreffen (Prop. 2,34,65 f.). Augustus erbat immer wieder Teilstücke, der Vortrag der Bücher 2, 4 und 6 im Jahr 23 am Kaiserhof hinterließ einen tiefen Eindruck. Die Erwähnung des Marcellus (Aen. 6,883) rührte die Schwester des Prinzeps, Octavia, zu Tränen. Im Jahr 19 wollte Vergil das Werk in Griechenland überarbeiten, erkrankte jedoch und wurde von dem aus dem Orient heimkehrenden Augustus mit nach Italien zurückgenommen. Er starb in Brindisi, seine Gebeine wurden nach Neapel überführt. Dem letzten Wunsch des Dichters, die unfertige *Aeneis* (äußeres Zeichen der fehlenden ‹letzten Hand› sind einige Halbverse) zu vernichten, widersetzte sich Augustus. L. Varius und Plotius Tucca gaben das Werk, wohl ohne (einschneidende) Änderungen, heraus.

Von der *Aeneis* machte Vergil zunächst ein Prosaschema und führte es später in Versen aus. Donat berichtet, er habe die Angewohnheit besessen, seine Verse «nach Art der Bärin zu gebären und durch Lecken zu formen». Vergil konnte mühelos Hexameter extemporieren, feilte aber, alexandrinischem Kunstideal gehorchend, anschließend lange daran. Dem großgewachsenen Mann mit bäurischem Aussehen und dunklem Teint trug sein schüchternes Betragen den Beinamen *Parthenias* («der Jungfräuliche») ein.

Die sog. *Appendix Vergiliana* («Vergil-Anhang», von Scaliger [16. Jh.] so benannt) vereinigt Vergils Jugendgedichte, enthält aber auch Nach-Vergilisches. Der Titel des *Catalepton* (gr. *katà leptón*, «nach der schlanken Art») ist an Arat angelehnt und bezeichnet Gedichte nach alexandrinischem Kunstprinzip, d. h.

kleine, ausgefeilte Texte. Die Sammlung besteht aus 3 Priapeen und 14 Epigrammen, von denen Nr. 5 und Nr. 8 (mit autobiographischen Hinweisen) sicher echt sind, Nr. 9 sicher unecht ist. Der Rest ist ebenso wie zahlreiche weitere kleinere Gedichte in der Autorschaft umstritten. Zu letzteren gehört etwa der *Culex* («Mücke»). Dieses neoterische Epyllion (Kleinepos hellenistischer Prägung) erzählt, wie ein schlafender Hirt durch einen Mückenstich geweckt und so vor einem tödlichen Schlangenbiß bewahrt wird. Bevor er die Gefahr erkennt, erschlägt er die Mücke. Diese erscheint ihm darauf im Traum und beklagt ihr Schicksal. Der Hirt errichtet ihr ein Grabmal mit Inschrift. Typisch neoterisch ist der Kontrast zwischen hohem Stil und geringem Gegenstand.

Die *Aeneis* (12 Bücher) ist das ‹Nationalepos› der Römer. Sie schildert mit der Geschichte des *Aeneas* von der Zerstörung Troias bis zur Landung in Italien und dem Sieg über den einheimischen Rutulerfürsten Turnus die Gründungssage Roms. Die in der Forschung heftig umstrittene Schlußszene, in der der Hauptheld seinen besiegten und um Gnade flehenden Gegner tötet, kann im Sinne der *Georgica* (s. S. 31) als ein *labor improbus* («freventliche Arbeit») gedeutet werden, der das römische Imperium bis in Vergils Zeit überschattet. Da aus Rutulern und Trojanern die Römer hervorgingen, ist die Tötung des Turnus durch Aeneas ähnlich wie die sagenchronologisch spätere Ermordung des Remus durch seinen Bruder Romulus ein Urbild des Bürgerkriegs. Die *Aeneis* ersetzte die älteren Geschichtsepen des Naevius und des Ennius und trug zu deren allmählichem Vergessen bei. Die Bücher 1–6, der sogenannte «*Odyssee*-Teil», handeln von den Irrfahrten des Aeneas, seinem Aufenthalt bei Dido und im Rückblick von der Zerstörung Troias, die Bücher 7–12, der «*Ilias*-Teil», von den Kämpfen in Latium. Historische Durchblicke wie die Heldenschau (6. Buch) und die Schildbeschreibung (8. Buch) weisen auf die augusteische Zeit als Telos der römischen Geschichte voraus. Aeneas ist ein nach stoischen Idealen geformter Held, der sich im Leid (*labor*) bewährt und Anfechtungen der Leidenschaft widersteht. Er erkennt seine *fata*, die schicksalsgegebene Aufgabe, und gestaltet sie aktiv mit. Seine herausragende Eigenschaft, die *pietas,* äußert sich in Pflichterfüllung gegenüber Göttern und Menschen. Die karthagische Königin Dido hingegen, die sich in Aeneas verliebt und ihn bei sich zurückhalten will, gibt ihrer Leidenschaft nach und will aus Verblendung ihre *fata* nicht wahrhaben; sie macht sich schuldig, indem sie das ihrem verstorbenen ersten Gatten gegebene Treueversprechen bricht. Aeneas' Gegner Turnus versucht, sich durch Krieg und Gewalt über seine *fata* hinwegzusetzen; er ist der Inbegriff des *furor,* der Unbeherrschtheit. In Turnus' und Didos Untergang manifestiert sich eine letzten Endes gerechte Weltordnung. Gleichwohl ist besonders Dido mit Sympathie gezeichnet. In ihrem Selbstmord und bei der Begegnung mit Aeneas in der Unterwelt trägt sie Züge des sophokleischen Aias. Zu Recht wurde das 4. Buch der Aeneis als die einzige echte Tragödie in der römischen Literatur bezeichnet (E. Norden). Ovid hat Dido im 7. Heroidenbrief eine Anklage gegen Aeneas in den Mund gelegt und beleuchtet so die Schäbigkeit des treulosen Liebhabers als Kehrseite der auf Pflichterfüllung beruhenden Rechtsmetaphysik der *Aeneis.* Das Geschehen ist durch eine begleitende Götterhandlung überhöht, wobei zwischen Menschen und Göttern eine prästabilierte Harmonie besteht. Die Götter symbolisieren Affekte und wirken jeweils auf diejenigen Helden ein, deren Charakter ohnehin dem von ihnen repräsentierten Affekt zuneigt. So ist etwa Juno als Verkörperung des *furor* die ‹Patronin› des Turnus. Die Verantwortung für ihr Tun liegt freilich bei den Menschen, wie Iupiter in einer ‹theologischen› Rede (10,104 ff.) selbst verkündet.

Vergil wurde früh kommentiert (Donat, Servius, um 400 n. Chr.) und noch in der Antike zum Schulautor. Sämtliche Epiker nach Vergil mußten sich an der «göttlichen *Aeneis*» (Stat., Theb. 12,816) messen. Das Mittelalter verehrte Vergil als Propheten und Zauberer. Dantes Werk ist ohne Vergil nicht denkbar, die italienische Renaissance stellte Vergil über Homer. Die Griechensehnsucht der deutschen Klassik sah in Vergil nur einen Nachahmer. Die Philologie des 20. Jh. hat Vergil in seiner besonderen Bedeutung wieder gewürdigt.

Nach Vergil

Die gesamte nachvergilische Epik bezieht sich auf die übermäch-
tige *Aeneis*, bald im Sinne eines Gegenentwurfs, bald als Nachahmung mit dem Ziel der Überbietung. Dieser Umstand hat der
Epik des Prinzipats bei der Nachwelt den Ruf des Epigonalen
eingetragen; ihre Erforschung wurde deshalb lange vernachläs-
sigt. Indes besteht ihre ‹Originalität› gerade in der überraschenden Bezugnahme auf die *Aeneis*. Der Leser sollte vergleichen
und die Leistung des Nachfolgers bewundern.

M. ANNAEUS LUCANUS (geb. 3.11.39 n. Chr. in Corduba [Spa-
nien], gest. 30.4.65 n. Chr. in Rom) war ein Sohn des M. Annaeus
Mela, eines jüngeren Bruders des Philosophen Seneca. Über sein
Leben sind wir durch Sueton sowie durch die nicht datierbare
Vita eines gewissen Vacca unterrichtet. In jungen Jahren kam
Lukan zu rhetorischen Studien nach Rom. Zu seinen Lehrern
zählte der Stoiker Cornutus, zu seinen Freunden der Satirendich-
ter Persius. Er wurde, vor dem vorgeschriebenen Alter, Quästor,
später Augur. Sein Debüt als Dichter erlebte er im Jahr 60 bei
den *Neronia* mit einem Lobgesang auf den Prinzeps. Ob es sich
dabei um das erhaltene Nero-Lob am Beginn des Epos über den
Bürgerkrieg (*BC* 1,33–66) handelt, ist umstritten. Die Antwort
hängt nicht zuletzt davon ab, ob man die überschwenglichen
Verse ernst oder ironisch auffaßt. Zu der zweiten Deutung
gibt vor allem die Formulierung (37 f.) Anlaß, der «Frevel» (*ne-
fas*) des Bürgerkriegs «finde Beifall» (*placet*), da er Nero her-
vorgebracht habe. Eine Rechtfertigung von Verbrechen um
eines bestimmten Zwecks willen ist aus stoischer Sicht unmöglich. Ohne Grundlage sind jedoch bereits in den mittelalterlichen
Scholia Bobbiensia unternommene Versuche, in den panegyrischen Versen zynische Anspielungen auf Neros Dickleibig-
keit oder Schieläugigkeit zu erkennen. Aus den Lukanbio-
graphien wissen wir, daß der Dichter zunächst an den Hof
in Neros Freundeskreis berufen wurde, dann jedoch in Ungnade
fiel und mit einem Publikations- und Berufsverbot als Anwalt
belegt wurde; ob das Zerwürfnis dem Neid Neros oder der hoch-

fahrenden Arroganz des jungen Dichters zuzuschreiben ist, lassen die Quellen offen. Immerhin soll Lukan nach einer Rezitation keck gefragt haben: *Quantum mihi restat ad Culicem* («Wieviel fehlt mir noch zum [vergilischen] *Culex*», d. h. «Habe ich Vergil eingeholt?»). Aufgrund seiner bekannt gewordenen Teilnahme an der Pisonischen Verschwörung des Jahres 65 wurde er vom Kaiser zum Selbstmord gezwungen. In Verhören soll er Mitverschwörer denunziert und sogar seine Mutter beschuldigt haben.

Kleinere Dichtungen Lukans (*Iliaca* [Schleifung und Loskauf Hektors], *Orpheus*, *Silvae* [Vermischte Gedichte], *Catachthonia* [Unterweltssagen], eine unvollendete *Medea*-Tragödie) sind verloren. Erhalten sind nur zehn Bücher eines wahrscheinlich auf zwölf Bücher konzipierten Epos mit dem Titel *Bellum civile* (bisweilen auch nach Lukans eigener Benennung *Pharsalia*, *BC* 9,985) über den Bürgerkrieg zwischen Caesar und Pompeius (von 49 v. Chr., Überschreitung des Rubicon, bis 48 v. Chr., Schlacht von Pharsalos). Wie die vorvergilischen römischen Epiker greift Lukan auf einen historischen Stoff zurück, anders als griechische und römische Epiker vor ihm verzichtet er jedoch auf eine umfassende Götterhandlung. Das hat ihm schon in der Antike Kritik eingetragen (vgl. Petron 118 ff.). Seinen Stil empfand Quintilian (10,1,90) eher rhetorisch als poetisch. Martial (14,194) spottete, er sei zwar kein Dichter, der Buchhändler mache aber gute Geschäfte mit ihm.

Der eigentliche Held des Epos ist der sittenstrenge Stoiker und grundsatzfeste Republikaner Cato, der gegen den dämonischen Tyrannen und Günstling der *fortuna* Caesar unterliegt. Caesars zweiter Gegenspieler Pompeius ist ambivalent gezeichnet (*magni nominis umbra*, «Schatten eines großen Namens» *BC* 1,135). Im Sieg der schlechten Seite über die gute manifestiert sich Lukans pessimistisches Weltbild. Zur sprichwörtlichen Sentenz wurde der Vers *victrix causa diis placuit, sed victa Catoni* («die siegreiche Sache gefiel den Göttern, die besiegte aber dem Cato», *BC* 1,128). Die Götter verkörpern somit, anders als bei Vergil, keine moralische Weltordnung mehr; moralisch ist es dagegen, sich gegen den Lauf der Welt und damit gegen den gegenwärtigen Prinzeps zu stemmen. Die Betonung des stoisch-republikanischen Ethos gegen die Diktatur Caesars ist zugleich Ausdruck der Opposition gegen Nero. Wie Vergil in Aeneas einen Wegbereiter des Augustus feierte, so prangert Lukan in Caesar den Urheber der Knechtschaft an. In diesem Sinn kann man Lukan als Gegen-Vergil begreifen. Hatte dieser mit dem Tod des Turnus am Ende der *Aeneis* den Vertreter des *furor* sterben lassen, endeten die verlorenen Bücher des lukanischen Epos vielleicht mit dem Tod Catos, des Vertreters der Moral. Nach dem Vorbild des Aufbaus der *Aeneis* lassen sich auch bei Lukan tetradische und hexadische Strukturen erkennen. Das sechste Buch schließt mit einer Nekromantie («Totenbeschwörung») durch die Zauberin Erichtho, einem Gegenstück zu der hoffnunggebenden Unterweltfahrt des Aeneas, ebenfalls im sechsten Buch. Die republikanische Ergriffenheit und die komplementäre Klage über den Verlust der *libertas* («Freiheit») dürfte Lukan bereits in seiner mutmaßlichen Quelle, den Büchern 109–112 des Livius, vorgefunden haben. Lukans Stil ist rhetorisch überformt und sentenzenhaft; er liebt die Darstellung grausamer und ekelerregender Szenen, die zum einen das Pathos steigern, zum andern die übermenschliche Leidensfähigkeit erprobter Stoiker demonstrieren. So schwankt sein Gedicht zwischen stoischem Lehrstück, historischer Abrechnung und Vergil-Kontrafaktur.

TIB. CATIUS ASCONIUS SILIUS ITALICUS, wie sein inschriftlich bezeugter vollständiger Name lautet, wurde zwischen 23 und 35 n. Chr. geboren und schied um 101 n. Chr., unheilbar erkrankt, freiwillig durch Nahrungsentzug aus dem Leben. Die stoische Mißachtung der Krankheit und innere Selbstbestimmung, die er durch diesen letzten Schritt dokumentierte, hatte er bereits am Ende seiner Laufbahn an den Tag gelegt, die ihn zum Konsulat (68) und Prokonsulat in Asia (wohl 77) geführt hatte: Über sein Leben sind wir durch eine Art Nachruf in den Briefen des Plinius (epist. 3,7) unterrichtet. Offenbar hatte Silius' Betätigung als Ankläger unter Domitian einen Schatten auf seiner Biographie hinterlassen. Er zog sich als Privatmann auf seine Güter zurück, lebte literarischen und philosophischen Neigungen und nahm es sich heraus, in geradezu epikureischer Manier sogar den Amtsantritt des neuen Prinzeps Trajan zu ignorieren. Er hatte Ciceros Tusculanum, einen Landsitz, erworben und besaß ein Gut bei Neapel, auf dem sich Vergils Grab befand, welches er wie ein Heiligtum verehrte. Plinius nennt ihn deshalb *philó-kalos*, «Liebhaber des Schönen», allerdings behaftet mit dem «Laster der Kaufsucht» (*emacitas*). Er setzt ihn dadurch in pointierten Gegensatz zu dem, was Perikles im thukydideischen Epitaphios an den Athenern rühmt, nämlich daß sie die Liebe zum Schönen mit «Schlichtheit» (*eutéleia*) verbanden. Leben und Werk des Silius tragen einen unklassischen, ‹barocken› Habitus.

Überliefert ist ein Epos über den Zweiten Punischen Krieg in 17 Büchern. Der Preis auf die flavische Dynastie im dritten Buch deutet auf die Ära Domitians als Abfassungszeit. Als historische Quelle stützt sich Silius hauptsächlich auf die dritte Dekade des Livius, sprachlich-stilistisch gebärdet er sich vordergründig als Klassizist und versucht auch in der Erzählweise Vergil nachzueifern, wenngleich er, vor allem in der manieristischen Schilderung grausiger Szenen, erkennbar unter dem Einfluß von Seneca und Lukan steht. Wie Livius betrachtet Silius den Krieg gegen Hannibal als das entscheidende Ringen in der Geschichte des römischen Volkes. Auf göttlicher Ebene sieht er, gleichsam in Fortsetzung der *Aeneis*, das Wirken Iunos als Ursache der Feindschaft zwischen Karthago und Rom. Durch die Überhöhung des Geschehens in einer Götterhandlung bezieht Silius gegen die von Lukan gewählte Form des götterlosen Epos Stellung und reiht sich in die Tradition Vergils ein. Die Göttergestalten gewinnen jedoch kaum individuelles Profil; sie sind als Allegorien im Sinne der stoischen Kosmologie gestaltet. Über die Gründe der Themenwahl läßt sich nur spekulieren: Es spricht manches dafür, daß Silius die eigene Gegenwart wie seine Zeitgenossen Juvenal und Tacitus skeptisch betrachtete und in der Darstellung der größten Bewährungsprobe Roms die moralisch unverdorbene Vergangenheit als Vorbild ausgeben wollte. Ähnlich erstrebte zur selben Zeit Quintilian eine Erneuerung der Beredsamkeit aus konservativer Gesinnung heraus.

Die letzten beiden zu behandelnden Epiker nehmen eine Sonderstellung ein, insofern sie dem historischen Epos den Rücken kehrten und Themen der Griechischen Mythologie behandelten. Über das Leben des C. VALERIUS FLACCUS SETINUS BALBUS ist nichts Gesichertes bekannt. Aus einer Notiz bei Quintilian (10,1,90), der seinen *nuper* («kürzlich») erfolgten Tod als großen Verlust bedauert, kann geschlossen werden, daß er vor 95 n. Chr. gestorben ist. Das Proöm der *Argonautica* spielt auf die Eroberung Jerusalems durch Titus (70) an und ist an Vespasian gerichtet, also vor dessen Tod (79) abgefaßt. Passagen aus dem 3. und 4. Buch setzen den Vesuvausbruch des Jahres 79 voraus. Ebenfalls aus dem Proöm wird abgeleitet, daß er Mitglied eines Priesterkollegiums (*Quindecimviri sacris faciundis*) war. Aus dem Beinamen Setinus Rückschlüsse auf seinen Geburtsort zu ziehen, wäre voreilig.

Das Werk, das in der Nachfolge des gleichnamigen griechischen Epos des Apollonios von Rhodos (3. Jh. v. Chr.) den mythischen Zug der griechischen Helden um Jason, der ‹Argonauten›, nach Kolchis und die Eroberung des Goldenen Vlieses schildert, bricht im achten und sehr wahrscheinlich letzten Buch aufgrund eines vermutlich überlieferungsbedingten Textverlustes ab. Wie Vergils *Aeneis* gliedert sich das Epos in zwei Hälften: Im ‹*Odyssee*-Teil› (Buch 1–4) sind die Stationen auf der Fahrt nach Kolchis geschildert, in dem mit einem eigenen Proöm beginnenden ‹*Ilias*-Teil› (Buch 5–8) der Raub des Vlieses und die Flucht Jasons mit Medea. Die formale und stilistische Rückwendung zu Vergil bedeutet eine gewollte Abkehr von der Sentenzenhaftigkeit und dem rhetorischen Pathos der Literatur der Neronischen Epoche. Die Wahl eines politisch unverdächtigen Stoffs aus der griechischen Mythologie stellt einen Gegenentwurf zu dem historischen Epos Lukans dar. So wird Valerius vor allem die künstlerische Auseinandersetzung mit Vorgängern (vielleicht auch mit den vollständig verlorenen *Argonautica* des Neoterikers Varro Atacinus [82–36 v. Chr.]) angespornt haben. Sieht man vom Proöm ab, lassen sich keine unmittelbaren Anspielungen auf die Gegenwart feststellen. Wohl darf aber aus der Darstellung von Göttern und Menschen auf des Dichters

Weltbild geschlossen werden. Juppiter setzt kein Telos, sondern verlangt wie in Vergils *Georgica* von den Menschen ständige Bewährung. Leid und Mühe sind als Herausforderung an die Menschen gottgewollt. Ruhm treibt Jason an. Im Umgang mit Tyrannen wie Pelias, dem Herrscher von Jolkos, und Aeetes, dem Besitzer des Goldenen Vlieses in Kolchis, erweist er sich als biegsam und versteht es zu schweigen, wo politische Klugheit es gebietet. Vielleicht ist diese desillusionierte, an die älteren Zeitgenossen Tacitus gemahnende Haltung der auffälligste Zeitbezug.

P. PAPINIUS STATIUS (geb. zwischen 40 und 50 n. Chr. in Neapel, gest. nach 95 n. Chr.) stammte aus dem Ritterstand und genoß die Förderung seines Vaters, eines angesehenen Rhetoriklehrers und Dichters, der den Sohn umfänglich in die griechische Literatur einführte (silv. 5,3,146 ff.). Im Jahr 78 errang Statius in Neapel einen ersten literarischen Preis, dem weitere Erfolge bei panegyrischen Agonen folgten. In Rom nahm er wie Martial am poetischen Klientelwesen teil. Um 80 wird er mit seinem Hauptwerk, der *Thebais*, begonnen haben, an deren zwölf Büchern er nach eigenem Zeugnis ebenso viele Jahre arbeitete. Das Werk behandelt den Bruderkampf zwischen Eteocles und Polynices um den thebanischen Königsthron und führt über den tödlichen Zweikampf der Geschwister bis zur Befreiung Thebens von seinem tyrannischen Königshaus durch Theseus. Wie in der *Aeneis* sind zwei Hexaden erkennbar, wobei die erste Werkhälfte die Vorgeschichte des Konflikts in aller Breite ausdehnt, und ab Buch 7 die eigentlichen Kämpfe geschildert werden. Die gerechte Weltordnung der *Aeneis* ist jedoch ins Düstere und Zerstörerische umgebogen. Die *Thebais* ist eine Anti-*Aeneis*: Dem teleologischen Epos Vergils, das den Aufstieg Roms zur Weltherrschaft feiert, wird der Untergang eines Königshauses gegenübergestellt, jeweils mit Billigung und Zutun der Götter. Diese sind umgeben von einer Schar allegorischer Gestalten, die die Affekte symbolisieren. Eine psychologisierende Deutung des Geschehens drängt sich geradezu auf. Die Handelnden scheinen getrieben von irrationalen Kräften, kaum mehr Herr ihrer selbst. Entsprechend wirken die Kämpfe mechanisiert, Waffen scheinen ihre Opfer selbsttätig oder von dämonischer Hand gelenkt zu treffen. Das Menschenbild des Statius ist desillusionierend. Lediglich im zwölften Buch deutet sich mit dem Eingreifen des als Idealherrscher gezeichneten Theseus ein versöhnliches Ende an, symbolisiert durch den Altar der *Clementia* («Milde»), der Bedrängten und Schuldbeladenen Zuflucht bietet. Waren in der *Aeneis* Gut und Böse einigermaßen klar zu unterscheiden, sind im Bruderkrieg bei Statius alle schuldig geworden. Deshalb können die Helden nicht mehr auf ihre *pietas* («Frömmigkeit, Rechtschaffenheit») vertrauen, sondern sind auf Milde und Vergebung (*clementia*) angewiesen.

Statius folgt dem pessimistischen Ton von Lukans *Bellum civile*. Mit diesem verbindet ihn auch das Motiv des Bruderzwists, den er der Entzweiung des römischen Volkes im Bürgerkrieg zwischen Pompeius und Caesar nachbildet und mythisch überhöht. Hinter der Wahl eines Stoffes aus der griechischen Sage kann eine literarische *aemulatio* («Wettstreit») mit Valerius Flaccus stehen. Gleichwohl besitzt die Darstellung tyrannischer Herrschergestalten, welche die Literatur seit Nero bewegt, einen deutlichen Gegenwartsbezug. Indem er ein mythologisches Epos mit vergilischem Götterapparat in lukanischer Tendenz verfaßte, hat Statius die epische Tradition seiner Vorgänger insgesamt aufgenommen.

Literarischer Ehrgeiz spricht auch aus dem unvollendeten Projekt der *Achilleis*, in der Statius durch den an ‹Aeneis› anklingenden Titel Vergil herausforderte und thematisch mit Homer hätte in die Schranken treten müssen.

Lehrgedicht

Zwischen Ennius und Vergil verstummte das narrative Heldenepos in Rom. Überhaupt brach mit dem Tod des Ennius (169 v. Chr.) eine weitgehend literaturlose Zeit an. Historisch fiel in diese Epoche die Eroberung Griechenlands mit den beiden

Brennpunkten der Schlacht von Pydna (168 v. Chr.) und der
Zerstörung Korinths (146 v. Chr.). In ihrer Folge kam es zu einer
bewußteren Auseinandersetzung mit der griechischen Kultur.
Während die ersten Dichter noch geprägt waren vom literarischen Einfluß der griechischen Gattungen und deren Schöpfun-
gen gleichsam als gegeben hinnahmen und nachahmten, begann
nun eine neue Phase, in der man in einen geistigen Austausch
mit der hellenistischen Geisteswelt trat und sich zunehmend als
ebenbürtigen Partner verstand. In diesem Umfeld ist die Geburt
der Prosaliteratur in lateinischer Sprache zu sehen. Auf dem Gebiet der Dichtung differenzieren sich die Gattungen aus. Die hexametrische Form öffnet sich für die Lehrdichtung. Es handelt
sich dabei um eine hybride Gattung, die fachliche Unterweisung
mit kunstvoller Gestaltung verbindet.

In Griechenland hatte sie ihren Anfang mit Hesiods *Theo-
gonie* genommen, einer mythischen Weltentstehungsgeschichte,
und mit dessen *Werken und Tagen*, einer Art Bauernkalender. In
diesen Epen ging es, dem Schöpfungsbericht der *Genesis* vergleichbar, um die sittlichen Grundlagen des Zusammenlebens;
sie verfolgten also einen didaktischen Anspruch. Die vorsokra-
tischen Philosophen Parmenides und Empedokles vermittelten
in ihrer Dichtung naturwissenschaftliche Hypothesen und Erkenntnisse. Was aus heutiger Sicht eine Domäne des Fachbuchs
in Prosa ist, wurde in besonders kunstvolle Verse gegossen. In
hellenistischer Zeit gewann die Form das Übergewicht über den
Inhalt. Nicht mehr die Wissensvermittlung stand im Vorder-
grund, sondern die Leistung des Künstlers, einen unpoetischen
Gegenstand dem Versmaß gefügig zu machen.

Das erste und zugleich herausragende Beispiel des Lehrepos
in Rom sind die sechs Bücher *De rerum natura* («Von der Natur») des Lukrez. T. LUCRETIUS CARUS ist nach der Chronik des
Hieronymus zwischen 97 und 95 v. Chr. geboren und soll, noch
nicht 44 Jahre alt, durch einen Liebestrank in Wahnsinn gefallen sein und Hand an sich gelegt haben. Letzteres mag die
christliche Tradition dem epikureischen Gottesleugner ange-
hängt haben. Vertraut man den bloßen Daten, so ist Lukrez in
der zweiten Hälfte der Fünfzigerjahre gestorben. Cicero gab, so

berichtet dieselbe Quelle, das Werk aus dem Nachlaß über-arbeitet heraus (*emendavit*). Wie sehr er es schätzte, belegt ein Zitat aus einem Brief an den Bruder Quintus (2,10[9],3) des Jahres 54, das vielleicht, aber nicht notwendigerweise in Zusammenhang mit der Arbeit am Nachlaß zu sehen ist: *Lucreti poemata* [...] *ita sunt: multis luminibus ingenii, multae tamen artis* («Folgendes zeichnet die Dichtung des Lukrez aus: Sie ist voll von Geistesblitzen und doch von großer Kunstfertig-keit.»).

Lukrez versteht sich als erster Vermittler der epikureischen Philosophie in Rom und als Künder eines von der Götterfurcht befreiten und daher glücklichen Lebens. Zugleich erhebt er den Anspruch, etwas Unerhörtes zu schaffen, indem er gerade die Lehre der dichtungskritischen epikureischen Schule zum Gegen-stand eines *carmen* macht. Das künstlerische Selbstbewußtsein, das aus der Wahl des sperrigen Stoffs spricht, kann kaum über-schätzt werden. Davon zeugt die Selbstaussage des Dichters: *avia Pieridum peragro loca nullius ante / trita solo* («unwegsa-mes Gelände der Musenkunst durchschreite ich, welches noch von keinem zuvor betreten wurde», 1,926 f. = 4,1 f.). Die Meta-pher vom unbeschrittenen Pfad geht auf Kallimachos zurück und war u. a. das Signet der sog. Neoteriker (‹Neuerer in der Dichtung›), deren Zeitgenosse Lukrez war. Entlegene Stoffe reizten diese Dichter. Insofern ist der Lehrdichter nicht der al-leinstehende Monolith, als der er von der Forschung bisweilen gesehen wird.

Die künstlerische Herausforderung hat Lukrez in seinem phy-sikalischen Lehrgedicht wie folgt beschrieben (1,136–139): *Nec me animi fallit Graiorum obscura reperta / difficile inlustrare Latinis versibus esse, / multa novis verbis praesertim cum sit agendum / propter egestatem linguae et rerum novitatem* («Es ist mir wohl bewußt, daß es schwierig ist, die dunklen Erkennt-nisse der Griechen mit lateinischen Versen zu erhellen, beson-ders, weil vieles mit neuen Worten darzulegen ist aufgrund der Armut der Sprache und der Neuheit der Sache»). Aufgrund des sprachschöpferischen Anspruchs dürfte Cicero, der den Epiku-reern sonst eher fernstand, so großes Interesse an dem nachge-

lassenen Werk gehabt haben. Die Bewunderung für die stilistische Kraft ging indes mit einer kritischen Auseinandersetzung
mit dem Inhalt einher. Ungefähr in die gleiche Zeit wie seine
Beschäftigung mit Lukrez fällt auch Ciceros Schrift *De re publica*. In ihr kann man vielleicht im weitesten Sinne eine Antwort auf Lukrezens Weltbild sehen. Lukrez hatte sein sechs
Bücher umfassendes Werk in drei Zweiergruppen eingeteilt,
welche die Atomlehre in Buch 1 und 2, die Lehre von der Seele,
unterschieden in lebensspendendes Prinzip (*anima*) und Geist
(*animus*) in Buch 3 und 4, sowie in den letzten beiden Büchern
die irdischen und himmlischen Phänomene und die Entstehung
der menschlichen Kultur thematisierten. Eine Gliederung in
dreimal zwei Bücher ist auch in *De re publica* zu erkennen –
vielleicht wollte Cicero der Naturlehre eine Staatslehre an die
Seite stellen, auf das atomistische Weltverständnis mit einer So-
ziologie menschlichen Zusammenlebens antworten.

Die auf Demokrit (ca. 460–370 v. Chr.) zurückgehende Atom-
theorie führt Lukrez um der Ethik willen ein. Ihre materialisti-
sche Welterklärung, die ohne die Vorstellung einer höheren
Weltordnung auskommt, ist die Grundlage für die Befreiung der
Menschen von der Götterfurcht. Lukrez leitet seine Leser zum
Studium des Wesens der Dinge an, welches irrationale Furcht
beseitige; er ermuntert im Sinne Epikurs zu maßvollem Sinnen-
genuß und Freude an der Natur. Religion setzt er einerseits mit
superstitio, Aberglauben, gleich und münzt den römischen Begriff der *pietas* (s. S. 20) in eine philosophisch geläuterte Frömmigkeit um (5,1198). Andererseits kann er sich dem Bann des
Religiösen nicht vollständig entziehen. Das Epos beginnt mit
einem Hymnus an Venus in traditioneller Form. Sie wird weniger als Gottheit denn vielmehr als Prinzip der Zeugungs- und
Lebenskraft verstanden. Außerdem ist sie als «Ahnherrin der
Römer» (*Aeneadum genetrix*) dem Leser eine altbekannte
Führerin. Lukrez hat also nicht nur, wie er selbst einräumt
(1,936–942), nach Art eines Arztes, der die bittere Medizin mit
Honig versüßt, seinen herben Lehrstoff in schmeichelnde Worte
gekleidet, sondern er hat die Römer auf vertrauten Wegen zu
Epikur geführt. Die Schilderung religiöser Riten schließlich ist

von hoher suggestiver Kraft und läßt Zauber und Schauder des Irrationalen spüren. Die Opferung der Iphigenie dient dem Dichter als Beleg für die Untauglichkeit der Religion als Ratgeberin, der Magna-Mater-Kult als Exempel für deren Vernunftwidrigkeit. Die erste Nachwirkung des lukrezischen Epos zeigt sich in den Vergilischen *Georgica*.

VERGILS *Georgica* (gr. *ges érgon*, «Land-arbeit») sind formal ein Lehrgedicht in Hexametern über den Landbau in der Nachfolge von Hesiods *Érga kai hemérai* («Werke und Tage») und, was die Himmelskunde betrifft, von Arats *Phainómena* («Himmelserscheinungen»). Den vier Hauptthemen, Ackerbau, Baum- und Weinkultur, Viehzucht, Bienenhaltung, ist jeweils ein Buch gewidmet. Die zweite Werkhälfte ist durch ein neues Proöm abgesetzt. Exkurse greifen über den Gegenstand hinaus. Berühmt sind der Preis Italiens und das Lob des Landlebens (2. Buch). Die Arbeit des Bauern, der *labor improbus* («freventliche Arbeit»), d. h. die niemals endende, in ihrem Erfolg stets bedrohte, aber trotzdem immer wieder in Angriff genommene Arbeit ist Sinnbild des Menschenlebens überhaupt. Die Schwere der Arbeit ist von Juppiter gewollt, um die Menschen zur Bewährung herauszufordern. «Frevelhaft» (*improbus*) ist die gottbefohlene Arbeit aber dennoch, weil sie in die natürliche Ordnung eingreift. Frönt der Mensch epikureischem Nichtstun, geht er in Verwilderung zugrunde; schwingt er sich zur Kultur auf, frevelt er gegen die Natur und hebt den von Juppiter geschaffenen Zustand auf. Der Frevel ist nach Vergil Teil der *condicio humana*, unterscheidet den Menschen vom Tier. Dieser pessimistische Einschlag dürfte ein Erbe der Bürgerkriegserfahrung sein. Allerdings kann der Mensch durch seiner Hände Arbeit die Schwere des Daseins immerhin erträglich gestalten. Darin liegt die optimistische Antwort auf Lukrez, mit dem Vergil durch häufige Zitate und Anspielungen beständig Zwiesprache hält. Das Werk endet mit dem sog. *Aristaeus-Finale*, einem kunstvollen Epyllion, das von der Urzeugung der Bienen aus dem Blut geschlachteter Rinder erzählt. Passend zum Gesamtwerk kristallisiert sich in dem Schlußmythos, der mit deutlichen Anklängen an die

Odyssee aufwartet, noch einmal Vergils Weltbild vom Wechsel aus Schuld, Sühne und Neubeginn.

Wie Lukrez und Vergil erhebt auch MANILIUS (vermutlich 1. Jh. n. Chr.) in einem fünf Bücher umfassenden, unvollendet gebliebenen hexametrischen Lehrgedicht mit dem Titel *Astronomicá* den Anspruch, ein Lehrgebäude dichterisch zu vermitteln. Von der Erkundung der Sterne erwartet er sich Einsicht in die Fügung des Schicksals. Goethe hat sein Weltbild nachempfunden in den Versen «Wär nicht das Auge sonnenhaft …».

P. OVIDIUS NASO (geb. 43 v. Chr. in Sulmo [Abruzzen], gest. 17 n. Chr. in Tomis [heute Kostanza, Rumänien]) entstammte dem Ritterstand; er zog, obgleich er einige Ämter wie das eines Münzmeisters oder eines *decemvir stlitibus iudicandis* (fast. 4,384), also die Tätigkeit an einem Strafgericht, ausgeübt hatte, der ihm vom Vater bestimmten Senatorenlaufbahn den Dichterberuf vor. 8 n. Chr. wurde er von Augustus aus nicht mehr zu rekonstruierenden Gründen – möglicherweise war er Mitwisser bei einem Ehebruchskandal am kaiserlichen Hof – nach Tomis am Schwarzen Meer verbannt, wo er 17 n. Chr. starb.

Über sein Leben sind wir durch Hinweise im zweiten Buch der *Tristien* und vor allem durch die Autobiographie (trist. 4,10) vergleichsweise gut unterrichtet. Im Todesjahr Ciceros geboren, erlebte Ovid die intakte Republik nicht mehr. Er ist ein Kind des Friedens, das diesen Zustand, den die älteren Zeitgenossen Vergil und Horaz nicht genug preisen konnten, für selbstverständlich nahm. Die Sehnsucht nach der alten Republik teilte er nicht. In der *Ars amatoria* 3, 121–128 erklärt er: *prisca iuvent alios ego me nunc denique natum / gratulor: haec aetas moribus apta meis / non quia nunc terrae lentum subducitur aurum / lectaque diverso litore concha venit, / nec quia decrescunt effosso marmore montes, / nec quia caeruleae mole fugantur aquae, / sed quia cultus adest nec nostros mansit in annos / rusticitas priscis illa superstes avis* («Die graue Vorzeit mag andere erfreuen, ich beglückwünsche mich, jetzt geboren zu sein; dieses Zeitalter ist meinem Charakter gemäß, nicht etwa, weil jetzt der Erde geschmeidiges Gold entzogen wird, weil von unterschiedlichen

Küsten ausgewählte Muscheln eingeführt werden, nicht weil durch den Marmorabbau Berge schrumpfen, nicht weil mit Deichen das blaue Meer zurückgedrängt wird, sondern weil Kultiviertheit herrscht und jene bäuerische Rohheit, die unsere Vorfahren auszeichnete, in unserer Zeit vorbei ist»). Ovid wendet sich gegen die von Antiquaren, aber auch vom offiziellen Rom vorgetragene Kulturkritik, und legt ein Bekenntnis zur Lebensweise seiner Epoche ab. Allerdings distanziert er sich durchaus von Schlemmerei, Bau- und Kleiderluxus, den Auswüchsen der Dekadenz, indem er diese von echter Kultiviertheit abgrenzt. Die offizielle Altertümelei etwa eines Augustus, der zeitweilig erwogen hatte, sich als zweiter Romulus zu titulieren, die von den *laudatores temporis acti* wie Varro oder auch Livius vorgetragene Behauptung, die Frühzeit sei moralisch besser gewesen, ist einem Ovid suspekt.

Er durchlief die übliche Ausbildung zum Redner. Seine Lehrer waren Porcius Latro und Arellius Fuscus (Sen. contr. 2,2,8). Als Deklamator bevorzugte er *suasoriae* (‹beratende›) vor *controversiae* (‹Streitreden›), und von letzteren schätzte er nur die *ethicae*, in denen allgemein menschliche Grundfragen zur Debatte standen. Sein Stil ist selbstverliebt: *quod bene cessit nescit relinquere* («er versteht sich nicht darauf, Entbehrliches wegzulassen»), attestiert ihm der ältere Seneca (contr. 9,5,17) und wirft ihm damit eine Neigung vor, Pointen breitzutreten, einen glücklichen Gedanken so sehr auszukosten, daß statt Spannung Gequältheit entsteht. Nicht zu Unrecht nennt ihn Quintilian (10,1,88) *lascivus* und *nimium amator ingenii sui*, «geziert» und «allzu eingenommen von der eigenen Begabung». Die (nicht erhaltene) Medea-Tragödie zeige, so Quintilian (10,1,98), wieviel Ovid hätte leisten können, wenn er sein *ingenium* gezügelt hätte, anstatt ihm freien Lauf zu lassen. Eine scholastische Natur wie Quintilian dürfte es besonders aufgebracht haben, wenn er spürte, daß Ovid seine vermeintlichen Schwächen nicht nur erkannte, sondern sogar pflegte. Ebendies hatte bereits der ältere Seneca moniert: *non ignoravit vitia sua, sed amavit* («Er wußte sehr genau um seine Fehler, aber er war in sie verliebt», contr. 2,2,12). Dazu berichtet er eine Anekdote, derzufolge

Ovid einmal auf die Bitte von Freunden, drei besonders anstö-
ßige Verse zu tilgen, sich seinerseits drei Verse ausbedungen
habe, die keinesfalls angetastet werden dürften. Als die Freunde
ihre drei Verse benannten, stellte sich heraus, daß es genau die
waren, die Ovid bewahrt wissen wollte. Es fehlte ihm also nicht
am Stilempfinden, sondern am Willen, sich dem allgemeinen
Geschmack zu unterwerfen.

Zwischen 2 und 8 n. Chr arbeitete Ovid an zwei größeren Werken, den *Metamorphosen*, einem 15 Bücher umfassenden Lehrepos über Verwandlungssagen, und den *Fasten*, einer poetischen
Umsetzung des römischen Festkalenders. Während er die *Metamorphosen* fertigstellen konnte, waren die *Fasten* nur etwa zur
Hälfte vollendet, als ihn die *relegatio* (eine mildere Form der Verbannung, bei der der Verurteilte sein Vermögen behalten durfte)
traf. Beide Werke stehen in der Tradition der *Aitia* («Ursprungs-
sagen») des Kallimachos, die *Metamorphosen* sind in Hexametern, das Kalendergedicht in elegischen Distichen abgefaßt.

Auf den ersten Blick wendet sich Ovid von der in Rom herr-
schenden Tradition des (im weitesten Sinne) historischen Epos
ab und beherzigt das kallimacheische Postulat der kleinen Form,
der Aneinanderreihung von Einzelgeschichten wie Perlen an
einer Kette. Gleichwohl stellt er ein historisches Kontinuum her,
indem er die Sagen in einen zeitlichen Ablauf bringt von der
Entstehung der Welt bis in seine eigene Zeit. Das vier Verse umfassende Prooöm nennt das Thema, die Verwandlung von Gestalten in neue Körper, und schließt mit der Aufforderung an die
Götter: *primaque ab origine mundi / ad mea perpetuum dedu-
cite tempora carmen* («führt das Lied ohne Unterbrechung vom
Ursprung der Welt bis in meine eigene Zeit»). Einerseits handelt
es sich im kallimacheischen Sinne um ein *carmen deductum*, ein
«ausgefeiltes» Lied – diese weitere Bedeutung von *deducere*
dürfte der Leser mitgehört haben; andererseits kündigt er ein
Weltgedicht an im Stile eines *perpetuum carmen*, eines *áeisma
dienekés*. Gerade dieses, das «durchlaufende Lied», hatte Kallimachos (fr. 1,3 Pf.) abgelehnt. Innerhalb einer Zeile gibt sich
Ovid also zugleich kallimacheisch und antikallimacheisch. Er
will den Alexandriner überbieten, indem er zwar dessen Stil-

ideal der kleinen Form folgt, es aber dennoch in den Rahmen
eines Großepos einfügt, mithin zwei Epentraditionen verknüpft.
Eine Kreuzung zweier Gattungsstränge liegt auch darin, daß er
ein zeitloses Sachepos über Verwandlungen in einen diachronen
Rahmen stellt und dadurch der Struktur des Heldenepos, das ja
einen bestimmten Zeitraum umfaßt, annähert. Schon das Proöm
zeigt, daß Ovid die gesamte vor ihm liegende griechische und
römische Epentradition aufgreifen und überwölben will. Die
Metamorphosen beginnen mit der Weltentstehung aus dem
Chaos (1,5–451), behandeln sodann die mythische Zeit (1,452–
11,193) und schließen mit der historischen Zeit, welche mit
dem Trojanischen Sagenkreis einsetzt und bei Caesar und Augustus endet (11,194–15,870). Ein neun Verse langes Nachwort
sagt den Nachruhm des Dichters voraus; es erinnert an Horaz,
carmen 3,30, und dokumentiert den Stolz des Verfassers.

Verwandlungssagen hatte es schon vor Ovid gegeben. So hatte
sein älterer Freund, Aemilius Macer, eine *Ornithogonia* («Entstehung von Vögeln») zusammengetragen, Nikander von Kolophon (3./2. Jh. v. Chr.) hatte *Heteroioumena* («Verwandlungen») vorgelegt. Ovid dürfte aber der erste sein, der einen so
umfassenden Anspruch erhob. Die *Metamorphosen* haben hel-
denepische und tragische Elemente, zeigen Züge des Epyllion
und der Liebesdichtung, greifen zur philosophischen Begründung der Verwandlungen auf die Pythagoreer zurück und stek-
ken voller römischer Lokalsagen. Literarische Vorbilder klingen
an, werden aber nicht zitiert, sondern kunstvoll umspielt. Im
‹*Aeneis*-Teil› (13,623–14,608) werden gerade diejenigen Episo-
den verbreitert, die Vergil nur gestreift hatte, Nebenfiguren werden prominent; Heroen treten zugunsten der ‹kleinen Leute› zurück. Dies ist überhaupt ein Merkmal des Epos: das Verständnis
für die Opfer der Geschichte. Die Verwandelten verändern zwar
ihre Gestalt, behalten aber das Bewußtsein, lassen den Leser an
ihrem Schicksal mitleiden. Das Heldenethos Homers wird ebenso in Frage gestellt wie die Fixierung auf den römischen Staat
bei Vergil. Insofern ist Ovid ein unaugusteischer Augusteer.

Die *Fasten* sind ein Kalendergedicht, in dem in etwas locke-
rer Folge als in den *Metamorphosen* die Legenden, die sich um

den römischern Kalender und seine Feste ranken, poetisch aufbereitet werden. Die erhaltenen sechs Bücher sind jeweils einem Monat (Januar bis Juni) gewidmet. Ihre Leichtigkeit erhalten die Geschichten dadurch, daß Ovid bisweilen die Götter, denen ein Fest gewidmet ist, selbst zu Wort kommen läßt, sie sozusagen ‹interviewt›. Er selbst nimmt als Gesprächspartner der Götter den Ehrentitel des *vates* («Seher»), den die Dichter seit alters führen, wörtlich und vermittelt seinen Mitbürgern die *sacra* des Festjahres. Stolz, Schalk und Sprachkunst verbinden sich am Beginn des Werks in der Ankündigung (fast. 1,13): *Caesaris arma canent alii, nos Caesaris aras*, «die Waffentaten von Caesar Augustus mögen andere verkünden, ich besinge seine Altäre». Die leichte Spitze gegen das *arma virumque cano* («Waffentaten und den Mann besinge ich»), dem Beginn der *Aeneis*, fügt sich zu Ovids antiheroischem Gestus.

Drama

a) Vorliterarische Periode

Am Anfang der römischen Literaturgeschichte steht das Drama. Der aus dem theaterversessenen Tarent stammende Livius Andronicus erhielt unmittelbar nach dem Ersten Punischen Krieg im Jahr 240 v. Chr. von den Ädilen den Auftrag, eine *fabula*, also ein Theaterstück, aufzuführen. Zwar hatte es zuvor in Rom noch keinerlei literarisches Leben gegeben, dennoch waren szenische Darstellungen für die Römer nichts gänzlich Neues. Es existierte in der *Magna Graecia* ein reiches subliterarisches Bühnenleben, das spätestens ab dem 4. Jh. nach Rom eindrang. Auf Sizilien war bereits im 6. Jh. im Zuge der Kolonisation die dorische Volksposse heimisch geworden. Ihr Erbe trat der sizilische *Mimus* an, der durch die Persiflierung von Alltagsszenen und Mythentravestien für Unterhaltung sorgte. Das kernige Lachen über menschliche Eigenarten und Schwächen, der *risus mimi-*

cus, hat noch seinen Nachhall bei Petron (19,1). Aufgeführt wurden *paígnia* (griech. «Scherze»), mimische Sketche aus dem Stegreif ohne anspruchsvollen Plot. Der kaiserzeitliche Buntschriftsteller Athenaios berichtet von Kupplerszenen, der Darstellung Betrunkener, aber auch von Komos («Umzug mit Gesang und Musik») und Paraklausíthyron («Klagelied eines Liebhabers vor verschlossener Tür», 14,621c–f). Diese typischen Motive werden später auch in der Komödie häufig auftreten. Ferner wurden Fremde verspottet, Berufe wie der des Arztes karikiert (10,452f–453a), aber auch bekannte mythische Stoffe parodiert (1,20a). Handelte es sich dabei noch um Darbietungen von Einzelschauspielern, ist ab dem 3. Jh. auch ein Theatermimus mit drei Schauspielern belegt. Vermutlich hatte dieser auch eine komplexere Handlung, die sog. *hypóthesis*. Die subliterarische Volkskomödie gewann allmählich Kontur.

Im 4. und 3. Jahrhundert stand neben dem sizilischen Mimus in Unteritalien die sog. Phlyakenposse in Blüte. Von ihr legt ebenfalls Athenaios Zeugnis ab (14,621 f.). Außerdem hat sie in der Vasenmalerei breiten Niederschlag gefunden. Ihre Themen waren neben Alltagsszenen auch Götterburlesken und Mythentravestien. Auch sie gelangte um 300 v. Chr. zu literarischem Rang. Der Tarentiner Rhinton verfaßte *phlýakes tragikoí* (Anth. Pal. 7,414). Die nach dem Autor *Rhintonica* benannte Gattung ist aus dem wenigen Erhaltenen allerdings kaum zu fassen.

Wichtigen Einfluß auf die Komödie nahm schließlich die ebenfalls in Süditalien, in Kampanien, beheimatete *fabula Atellana*. Sie dürfte, schon aufgrund der räumlichen und zeitlichen Nähe, mit der Phlyakenposse in Zusammenhang stehen. Diese derbe Form der Belustigung verdankt ihren Namen der oskischen Stadt Atella (bei Neapel), die offenbar als Symbol für die in der italischen Bevölkerung weitverbreitete Neigung zu derbem Spott stand. Das Personal dieser Stegreifburleske bestand aus vier festen Masken, den *Oscae personae* (Diomed., GL I, 490 Keil). Es waren dies *Maccus*, der dumme, gefräßige und lüsterne Typ, *Bucco*, dessen Name sich von *bucca*, den aufgeblasenen Backen, herleitet; so ist auch der Mund dasjenige Organ, mit dem er die ausgiebigsten Tätigkeiten entfaltet, nämlich Essen und Reden. Den Alten, *Casnar/Pappus*, kennzeichnet gleichfalls Lüsternheit; er ist ebenso gecken- wie tölpelhaft und pflegt am Ende der Düpierte zu sein. Der bucklige *Dossennus* ist schließlich ein habgieriger, wohl auch genußfreudiger Scharlatan, der sich, so legt seine späte Erwähnung bei Horaz (epist. 2,1,173) nahe, mit pfiffiger Verschlagenheit ans Ziel bringt. Seneca referiert einen Vers, der die nutzenorientierte Seite der Römer beleuchtet, aufgrund deren sie sich diesem Typus verwandt fühlten: *hospes resiste et sophian Dossenni lege* («Wanderer halt ein, und lies die Weisheit des Dossennus», epist. 89,7). Diese «Philosophie» könnte man geradezu als ‹unphilosophisch›, jedenfalls bar jeder spekulativen Verstiegenheit und nur auf die Lebenspraxis bezogen ansehen. Die Schauspieler dieser farcesken Gattung mit obszönem Einschlag waren Laien, die, anders als professionelle Theaterschauspieler, nicht vom Kriegsdienst ausgeschlossen waren (Liv. 7,2,12). In der Zeit Sullas wurde die Atellane literarisiert. Ihre Beliebtheit hielt sich bis in die Kaiserzeit. Eine Notiz in Suetons *Tiberius-Vita* (45) deutet an, daß man bei einer Aufführung den Prinzeps mit dem lüsternen und zugleich abstoßenden *Pappus* verglich. Bei seinem Tod schließlich habe das Volk höhnisch angeregt, man möge ihn doch nach Atella bringen (ebd. 75,3).

Die genannten Stegreifformen gehören in die seit den Anfängen in Rom heimische Tradition des satirischen Sprechens. Bei bestimmten Gelegenheiten war es offenbar gestattet, sonst gültige Grenzen zu übertreten. Dazu gehörten auch Triumphzüge, bei denen von den Soldaten häufig obszöner Spott auf siegreiche Feldherrn ausgegossen wurde (*carmina triumphalia*). Ein beliebtes Versmaß war in diesem Genre der *versus quadratus*, zu dem sich gut marschieren ließ. Ein Beispiel von Caesars gallischem Triumph überliefert Sueton; darin wird Caesar eine homosexuelle Beziehung zu Nicomedes IV. Philopator von Bithynien unterstellt (49,4): *Gallias Caesar subegit, Nicomedes Caesarem: / ecce Caesar nunc triumphat qui subegit Gallias, / Nicomedes non triumphat qui subegit Caesarem* («Caesar bezwang Gallien, Nicomedes Caesar: Sieh, nun triumphiert Caesar, der

Gallien bezwang, Nicomedes triumphiert jedoch nicht, er, der Caesar bezwang»).

Auch Hochzeiten boten Gelegenheit zu ausufernden Scherzen. Sie sind der Ort der als Feszenninen bezeichneten, meist anzüglichen Wechselgesänge. Der Name ist von der faliskischen Stadt Fescennium in Etrurien abgeleitet. Es gibt nur indirekte Zeugnisse bei späteren Grammatikern. Livius 7,2,7 scheint die Feszennine mit dem Beginn des römischen Dramas in Verbindung zu bringen, bei Horaz (epist. 2,1,139 ff.) ist die *Fescennina licentia* als «derbe Ausgelassenheit» bei ländlichen Erntefesten anzutreffen.

Die Römer hielten sich viel zugute auf diese scherzhaft-volkstümliche Art. In dem üblicherweise als Standard-Quelle zur Geschichte des römischen Theaters herangezogenen Text erkennt Livius (7,2) in dieser satirischen Ader einen Wesenszug der Römer. Die Anfänge des Bühnenspiels haben nach seinem offenbar griechischen Quellen verpflichteten und über Varro nach Rom vermittelten Befund religiöse Ursachen. Man holte zur Besänftigung einer Seuche etruskische Schauspieler, *ludiones*, nach Rom, deren Tänze die einheimische Jugend zur Nachahmung reizte. Doch bereicherte man die tänzerischen Darbietungen durch die «Zugabe von Scherz- und Scheltreden» (*iocularia fundere*), wie sie seit jeher von der Jugend praktiziert wurden. Dieses Laienspiel, das Livius mit der Feszennine in eins setzt, wurde schließlich professionalisiert und von einheimischen Schauspielern, die mit einem aus dem Etruskischen abgeleiteten Wort *histriones* genannt wurden, übernommen. Sie verfügten bereits über verschriftlichte Texte, die sogenannten dramatischen *saturae*. Diese sketchartigen Darbietungen wiederum seien durch Livius Andronicus zu eigentlichen Dramen mit durchgängiger Handlungsstruktur erweitert worden. Neben dem literarischen, institutionalisierten Drama habe sich jedoch die volkstümliche, unprofessionelle Stegreifvariante in der Atellane erhalten.

Der livianische Bericht dürfte sich in seinem Aufbau an vergleichbare griechische Theatergeschichten anlehnen. In seiner Betonung der autochthonen Ursprünge hat er eine gewisse ‹nationale› Färbung und erkennt in der satirischen Ader das genuin

Römische. Noch Quintilian wird in einem berühmten Diktum
um 95 n. Chr. die Satire als römisches Eigentum reklamieren
(s. S. 54).

b) Tragödie

Von der Dramenproduktion der ersten römischen Dichter sind
neben äußerst spärlichen Fragmenten nur wenige Titel erhalten.
Zunächst ist jedoch bemerkenswert, daß die Tragödie, die in
Griechenland und auch in den Nationalliteraturen der Neuzeit
auf dem Höhepunkt einer literarischen Entwicklung entstanden
ist, in Rom am Anfang steht. Man darf wohl voraussetzen, daß
die Problematik der zu einer anderen Zeit und unter anderen
Voraussetzungen entstandenen griechischen Tragödie ein weitgehend literaturunerfahrenes Publikum in Rom in der Mitte des
3. Jahrhunderts v. Chr. nicht angesprochen hat. Daher mußten
die römischen Dramendichter mit der von griechischen Vorbildern übernommenen Form andere Inhalte transportieren. Welches Interesse können die Ädilen als Auftraggeber des Livius
Andronicus an einer Dramenaufführung gehabt haben? Rom
war soeben siegreich aus dem Ersten Punischen Krieg hervor-
gegangen und hatte das griechische Sizilien als erste Provinz
gewonnen. Es galt, einerseits mit den militärisch unterlegenen,
kulturell jedoch als überlegen empfundenen Griechen gleichzu-
ziehen, andererseits sich der eigenen Identität gewiß zu werden.
Es steht zu vermuten, daß die Römer mit der Tragödie wie mit
dem frühen Epos vor allem aitiologisch-historische Interessen
verbanden.

Von LIVIUS ANDRONICUS (s. S. 9) sind folgende Titel überliefert: *Achilles*, *Aegisthus*, *Aiax mastigophorus*, *Andromeda*, *Danae*, *Equos Troianus*, *Hermiona*, *Tereus* sowie (umstritten) *Ino*
(nach Ter. Maur. GL VI, 383). Es zeigt sich ein Schwerpunkt auf
dem trojanischen Sagenkreis und damit eine Verbindung zu den
Ursprungslegenden der Römer. Die Gestalt der Hermiona weist
auf Orest, der der Sage nach das Kultbild der Diana nach Aricia
gebracht hat. Danae wiederum ist eine Vorfahrin des aus Ardea
stammenden Turnus. Genealogische Bezüge dieser Art kennt die
Tragödie noch bis zu Accius, der im *Atreus* auf die Verwandt-

schaft des Titelhelden mit dem latinischen Heros Euander an-
spielte (Serv. *Aen.* 8, 130).

Für NAEVIUS (s. S. 12) ergibt sich ein ähnliches Bild; auch
seine Dramentitel verweisen mit *Hector proficiscens* («Hektors
Auszug») und *Equos Troianus* («Das trojanische Pferd») auf
den Troja-Mythos und damit die Ursprungsgeschichte der Römer. Im *Lucurgus* wurde der vergebliche Widerstand des titelgebenden mythischen Thrakerkönigs gegen die Einführung des
Bacchanalienkultes thematisiert. Ein Zusammenhang mit dem
kurz nach Naevius' Tod erlassenen *Senatus consultum de Bac-
chanalibus* des Jahres 186 v. Chr., einem Senatsbeschluß, der
auf einen mit dem Kult verbundenen Skandal reagierte, liegt somit nahe. Auf dieses Ereignis spielt auch Plautus (Mil. 1016) an,
was belegt, daß aktuelle Bezugnahmen auf der Bühne nicht un-
üblich waren. Man mag dahinter ein Weiterleben der satirischen
Ader sehen, welche als Wesensmerkmal der Römer erkannt
wurde und sich aus dem Stegreifspiel in das literarische Theater
übertragen hat.

ENNIUS (s. S. 14) ist als Tragiker noch am ehesten zu fassen.
Von ihm haben sich 20 Titel und rund 420 Verse erhalten. Nach
Aischylos: *Eumenides*, nach Aristarch: *Achilles*, nach Euripides:
Alcmeo, Alexander, Andromacha aechmalotis («Andromache
als Kriegsgefangene»), *Andromeda, Cresphontes, Erechtheus,
Hecuba,* (aulische) *Iphigenia, Medea exul, Melanippa,* nach un-
bestimmtem Vorbild: *Aiax, Athamas, Hectoris lytra* («Auslö-
sung von Hektors Leichnam»), *Nemea, Phoenix, Telamo, Tele-
phus, Thyestes.* Einige der populären Tragödienstoffe haben ein
reiches Nachleben entfaltet; Ennius' *Medea*-Prolog klingt etwa
in den Klagemonologen verlassener Frauen bei späteren Dichtern (Cat. 64, Verg. Aen. IV, Ov. am. 2,11) nach. Cicero (fin. 1,4)
beruft sich u. a. auf Ennius' Tragödienproduktion zur Begründung, weshalb die Übertragung griechischer Literatur ins Lateinische eine lohnende und anspruchsvolle Aufgabe sei. Die römischen Tragiker hätten *non verba sed vim* («nicht den Wortlaut,
sondern den Gehalt», Cic. Ac. post. 1,10) übertragen, womit
deutlich gemacht ist, daß es sich nicht um wörtliche Überset-
zungen gehandelt haben kann.

PACUVIUS, 220 in Brundisium geboren, um 131 in Tarent gestorben, ein Neffe des Ennius, trat in der Dichtung vor allem
als Tragiker hervor. 15 Titel und rund 435 Verse sind erhalten:
Nach Aischylos: *Armorum iudicium* (‹Streit um die Waffen
Achills›), nach Sophokles: *Chryses, Niptra,* nach Euripides:
*Antiopa, Atalanta, Dulorestes, Hermiona, Iliona, Medus, Pen-
theus, Periboea, Teucer* sowie (umstritten) *Orestes, Protesilaos,
Thyestes.* Die *Niptra* (‹Fußwaschung des Odysseus durch Eury-
kleia›) des Pacuvius behandeln den Tod des Odysseus durch die
Hand seines mit Kirke gezeugten Sohnes Telegonos. Der Stoff,
eine Motivparallele zum Oedipus-Mythos, entstammt dem epischen Zyklus und wurde bereits von Sophokles dramatisch be-
arbeitet. Anhand der erhaltenen Fragmente und weiterer Zeugnisse über den zugrundeliegenden Mythos lassen sich folgende
Vermutungen zur Eigenart der republikanischen Tragödie an-
stellen: Der Stoff ist durch die Heimat des Telegonos geogra-
phisch mit Italien verbunden und somit in der römischen Vorzeit verankert. Der griechische Mythos wird historisiert und in
eine römische Perspektive gerückt. Pacuvius griff mit hoher
Wahrscheinlichkeit auf zwei griechische Stücke zurück, bediente sich also der aus der Komödie bekannten Technik der
contaminatio (s. S. 48). Überhaupt zeigt der Aufbau Pacuviani-
scher Tragödien, soweit er sich erkennen läßt, strukturell gewisse Ähnlichkeiten mit der römischen Komödie. Cicero
(Tusc. disp. 2,48–50) lobt die Gestaltung der Sterbeszene des
Ulixes (lat. für Odysseus) und stellt sie über ihr griechisches
Vorbild. Sein Urteil läßt vermuten, daß die Rezeptionserwar-
tung des römischen Zuschauers eher auf patriotische Ermah-
nung denn auf Abwägung menschlichen Schicksals zielte. Die
republikanische Tragödie erscheint wie das Epos als eine Gattung, in der sich die Römer ihrer Geschichte und ihrer Sendung
vergewisserten. Pacuvius hatte Odysseus im Sterben zum *pa-
triam defendere* («Verteidigung der Heimat») aufrufen lassen,
den Blick also vom Individuum auf das Vaterland gelenkt.
Diese Umgewichtung machte den Stoff für die Römer interes-
sant und zeigt zugleich die bewußte *aemulatio* («Wettbewerb»)
mit dem Vorbild.

Aemulatio prägt das Denken der römischen Literarkritik bis in die Kaiserzeit. Velleius Paterculus (2,9,3) bemerkt über Pacuvius und Accius, sie zögen mit den Griechen gleich: *usque in Graecorum comparationem evecti.* Schon Horaz (epist. 2,1,56, vgl. Ov. am. 1,15,19) kennzeichnet den Dichter Accius als *altus* («erhaben»). Gellius (13,2,5) rühmt seinen milden Altersstil (*mitia et iucunda*). Die Produktion dieses letzten bekannten republikanischen Dramatikers und Gelehrten (geb. 170 v. Chr. in Pisaurum, gest. nach 86 v. Chr) beläuft sich auf 45 Tragödien, aus denen rund 700 Verse erhalten sind, und zwei Prätexten (‹Tragödien mit römischem Stoff›). Der junge Cicero hat ihn als hochbetagten Mann noch gekannt; er nennt ihn *gravis et ingeniosus poeta* («würdigen und begabten Dichter», Planc. 59). Er war der Sohn eines Freigelassenen und Klient des D. Iunius Brutus Callaicus, für dessen Marstempel er Inschriften in Saturniern verfaßte. Ferner stammt von ihm eine *Didascalica* betitelte literarhistorische Abhandlung über das Drama in gefälliger Dialogform, wobei sich Prosa und verschiedene Versformen abwechseln, sowie die ebenfalls von Dichtung und Aufführung handelnden *Pragmatica*, letztere wohl ganz in Versform. Die Fragmente der *Annales* weisen auf mythographischen und theologischen Inhalt (vielleicht ein Kalendergedicht?). Die *Sotadica* (Stücke in sotadeischem Versmaß) hatten nach Plinius (epist. 5,3,6) erotischen oder zumindest sehr unernsten Inhalt.

VARIUS RUFUS (2. Hälfte des 1. Jh. v. Chr.) war mit Horaz und Vergil befreundet, gehörte zum Maecenaskreis und gab zusammen mit L. Plotius Tucca nach Vergils Tod dessen *Aeneis* heraus. Von seinen Werken, einem epikureischen Lehrgedicht *De morte* («Über den Tod»), das die Todesfurcht bekämpfte, und einem *Panegyricus* auf Augustus ist fast nichts erhalten. Großen Erfolg hatte seine Tragödie *Thyestes*, die 29 v. Chr. an den Spielen nach dem Sieg von Actium (31 v. Chr.) aufgeführt und von Augustus reichlich belohnt wurde. Von der antiken Kritik (Tac. dial. 12,6; Quint. 10,1,98) wurde sie hochgelobt. Da sie für eine dem Prinzeps so wichtige Feier geschrieben wurde, kann man vermuten, daß sie, der Tradition der republikanischen Tragödie gemäß, im weitesten Sinne politisch-panegyrischen Charakter hatte.

Von SENECA (s. S. 114) sind neun Tragödien vollständig überliefert: Zweifellos echt sind (nach Euripides): *Hercules furens* («Der rasende Hercules»), *Troades*, *Phoenissae*, *Medea*, *Phaedra*, *Thyestes*, (nach Sophokles): *Oedipus*, (nach Aischylos): *Agamemnon*, als unecht gilt der *Hercules Oetaeus*, (nach Sophokles). Senecas Tragödien sind nicht im eigentlichen Sinne ‹tragisch›. Vielmehr handelt es sich um stoische Lehrstücke, die affektgeleitete Charaktere als Gegenbilder des stoischen Weisen zeigen. Die senecanischen Helden sind monoman; sie agieren nicht innerhalb eines sozialen Kontextes, sondern treten gleichsam mit dem gesamten Kosmos in die Schranken, versuchen die Natur zu pervertieren: *natura versa* («umgestürzt die Natur», Oed. 371), *mutatus ordo* («verkehrt die Ordnung», Oed. 366).

Medea etwa entzieht sich am Ende der menschlichen Gemeinschaft: moralisch durch den Kindermord, physisch, indem sie auf dem Drachenwagen in den Himmel entschwebt (1022). In seiner moralphilosophischen Abhandlung «Über den Zorn» hatte Seneca diesen Affekt in Anlehnung an Aristoteles als *cupiditas doloris reponendi* («Begierde, einen Schmerz heimzuzahlen», de ira 1,3,3) definiert. Medea bewertet entsprechend ihr Verbrechen als Opfer an den *dolor*, die «Kränkung», die sie durch Jasons Ehe mit Creusa hat hinnehmen müssen. Sie ist von Seneca als Musterbeispiel für den Affekt des Zorns konzipiert und trägt in ihrer Exemplarität kaum menschliche Züge. Atreus im *Thyestes* ist der Verbrecher par excellence; er tötet die Kinder seines Bruders und setzt sie diesem zum Mahl vor. An der gewissenhaften Ausführung seiner Tat empfindet er Freude: *scelus / iuvat ordinare* («es macht Freude, ein Verbrechen genau durchzuführen», 715 f.). Nicht selten ist auch in der senecanischen Tragödie ein aktueller Bezug zu erkennen. Die *Phaedra* scheint den Inzest zu thematisieren, den man Nero mit Agrippina unterstellte, wobei in diesem Fall, vermutlich nach dem Vorbild des verlorenen Euripideischen *Hippólytos kalyptóme-*

nos («Hippolytos bedeckt sich [aus Scham]»), Phaedra besonders dreist die Initiative zum Ehebruch ergreift, Hippolytos also
gewissermaßen entlastet wird. Im *Oedipus* wird der Titelheld
auch als Mutter(!)-Mörder hingestellt, was auf die Ermordung
Agrippinas 59 zurückweisen dürfte. Sueton (Ner. 39) weiß zu
berichten, daß Schmähverse kursierten, die den Vorfall unver-
hohlen aufspießten. Der *Hercules furens* schließlich könnte,
vielleicht kurz nach Neros Thronbesteigung, als freundschaft-
liche Warnung vor Hybris an den jugendlichen Prinzeps konzipiert gewesen sein.

Sieht man diese Zeitbezüge als gegeben an, was in der Forschung umstritten ist, ergibt sich für die Tragödien als Datierung die Zeit zwischen 55 und 62, in der Seneca am Hofe tätig
war. Die Dramen waren gewiß in erster Linie für die Rezitation
bestimmt. Sie haben einen statuarischen Charakter, es dominiert
die Technik der Einzelszene. Die Schilderung von Grausamkeiten wird, dem Stil der Zeit entsprechend, breit ausgeführt. Dies
hängt zum einen mit der rhetorischen Freude an einer ‹Ästhetik
des Grauens› zusammen und hat zum anderen didaktische
Gründe. Sie sollen durch Schockwirkung beeindrucken und
durch Abschreckung erziehen.

Der moralische Ton haftet der Gattung bis an ihr Ende an.
Der letzte Tragiker, von dem wir Notiz haben, ist CURIATIUS
MATERNUS. Er ist einer der Gesprächsteilnehmer im *Dialogus
de oratoribus* («Dialog über die Redner») des Tacitus. Neben
mythologischen Stoffen (*Medea*) verfaßte er einen *Cato*, mit
dessen Vortrag er bei den Mächtigen Anstoß erregt haben soll
(Tac. dial. 2,1).

c) Prätexta

Tragiker und Epiker bevorzugten Stoffe aus dem trojanischen
Sagenkreis oder aus den Nosten («Heimkehrepen»), sofern
sie mit Italien in Berührung stehen. Offenbar verbanden die
Rezipienten mit der Literatur vorwiegend ein historisches, im
weitesten Sinne moralisches Interesse. Dieses bediente in besonderem Maße die *fabula praetexta*. Der Name ist von der mit
einem Purpurstreifen verbrämten (*praetexere* = anweben, beset-

zen) Amtstracht römischer Magistrate, der *toga praetex(ta)ta*,
abgeleitet. Diese ‹Tragödie im römischen Gewand› hat Stoffe
aus der römischen Geschichte zum Gegenstand – im Gegensatz
zur eigentlichen Tragödie, die auf griechischen Vorlagen basiert.
Daß in dieser Gattung, die der römischen Neigung zur Verklärung der eigenen Geschichte so sehr entsprach, nur wenige
Stücke verfaßt wurden, kann unterschiedliche Gründe haben.
Es mag zum einen an Gelegenheiten gefehlt haben, bei denen
Stücke mit zeitgeschichtlichem Inhalt aufgeführt werden konnten – soweit man weiß, geschah das bei Spielen aus besonderem
Anlaß. Zum anderen fehlte die sonst übliche griechische Vorlage. Von NAEVIUS sind zwei Titel bekannt: Der *Romulus* (Ne-
bentitel: *Lupus*) war eine Dramatisierung von Roms Frühge-
schichte. Im *Clastidium* verherrlichte er den Sieg des Marcellus
222 bei der titelgebenden Stadt über den Gallier Viridomarus,
brachte also ein Stück Zeitgeschichte auf die Bühne. Auch EN-
NIUS bearbeitete mit den *Sabinae* einen Stoff aus Roms Grün-
dungstagen und wandte sich in der *Ambracia* seiner Gegenwart
zu. Sein Gönner Fulvius Nobilior hatte 189 die ätolische Stadt
dieses Namens eingenommen. PACUVIUS' *Paulus* handelt vom
Sieg des Aemilius Paulus in der Schlacht von Pydna 168. Die
Zuordnung zu diesem zeitgeschichtlichen Ereignis ist aufgrund
der Erwähnung von dessen Gegner, des Makedonenkönigs Per-
seus, in einem bei Boethius überlieferten Fragment eindeutig.
ACCIUS schließlich dürfte in das *Aeneadae vel / aut Decius* betitelte Stück eine Hommage an das Geschlecht der Decii einge-
flochten haben, indem er an das Selbstopfer des jüngeren Decius
Mus in der Schlacht von Sentinum (295) erinnerte. Im *Brutus*
ehrte der Dichter wohl seinen Patron D. Iunius Brutus Callaicus, indem er dessen berühmten Vorfahr, der die Tarquinier
vertrieben hatte, pries. Eine ebenfalls *Brutus* betitelte Praetexta wird schließlich bei Varro (ling. 6,7) einem nicht weiter
bekannten CASSIUS zugeschrieben. POMPONIUS SECUNDUS
(1. Jh. n. Chr.) ist der Verfasser eines *Aeneas*. Tacitus (ann. 12,
28,2) spendete ihm das zweischneidige Lob, sein literarischer
Ruhm übertreffe den militärischen. Die einzige vollständig erhaltene Praetexta ist das im Zusammenhang mit den Seneca-

Dramen überlieferte kaiserzeitliche Drama *Octavia* eines unbekannten Verfassers: Nero will seine Gattin Octavia verstoßen, um Poppaea zu heiraten. Das Volk erhebt sich gegen ihn, der Prinzeps läßt den Aufstand jedoch niederschlagen und Octavia hinrichten.

d) Palliata

Die lateinische Komödie im ‹griechischen Gewand› ist die besterhaltene Gattung, die aus der Anfangszeit der römischen Literatur zu uns gelangt ist. Wie im Falle der Schwestergattung, der Tragödie, wurde eine hochentwickelte griechische Literaturgattung, die Neue Komödie (griech. *Néa*), die ihre Blüte mit Menander (342/1–vor 290 v. Chr.) erlebte, in den Boden des weitgehend kunstlosen italischen Stegreifspiels verpflanzt. In Rom herrschten über hundert Jahre später andere soziale Verhältnisse, die Sehgewohnheiten waren von denen der Griechen völlig verschieden. Griechische Stücke dürften dem Publikum durch wandernde Schauspieltruppen bekannt gewesen sein. Die lateinische Bühne kannte bis dahin nur vorliterarisches Stegreifspiel (s. S. 36).

Die Kunst der römischen Komödie bestand offenbar darin, beides zu verbinden. Man wird dahinter zwei Ziele vermuten dürfen. Einerseits mußte ein ungeübtes Publikum an literarische Formen herangeführt werden, andererseits mußte die römische Palliata denjenigen, die die griechischen Originale kannten, etwas Neues bieten oder wenigstens die Kunstfertigkeit des Bearbeiters vor Augen führen. Eine gewisse Vorstellung vom Theaterbetrieb liefern die literarischen Prologe des Terenz. Statt den Inhalt der Stücke zu referieren, berichten sie – nicht ohne satirischen Unterton – über Aufgaben und Nöte der Dichter. Aus den beiden *Hecyra*-Prologen geht hervor, daß dieses Stück erst im dritten Anlauf zu Ende gespielt werden konnte, da es an der nötigen Ruhe im Theater fehlte bzw. die Konkurrenz von Seiltänzern und Faustkämpfern das Publikum weglockte. Auf der anderen Seite gibt Terenz Einblick in seine Art des Dichtens, indem er zu Vorwürfen seines Kollegen Luscius Lanuvinus Stellung nimmt. Danach hat er mehrere griechische Stücke zu einem

lateinischen verschmolzen. Dieses Verfahren bezeichnet er selbst
als *contaminare* («berühren», Andr. 16; Haut. 17), wobei der
pejorative Sinn von «verschmutzen», «unbrauchbar machen»
mitschwingt. Offenbar galt die Regel, daß griechische Vorlagen nur einmal für eine lateinische Bearbeitung benutzt werden durften. Wenn ein Autor nun mehrere Stücke ‹verbrauchte›,
war dies aufgrund der begrenzten Zahl von Vorlagen gewissermaßen unkollegial. Da Terenz Kontakte zu Personen wie
Laelius und Scipio hatte (Haut. 24; Ad. 15 f.), ist es denkbar,
daß er leichter Zugang zu griechischen Bibliotheken fand als
andere Dichter. Vielleicht spricht aus dem *malevolus vetus poeta*
(«mißgünstigen, alten Dichter») Luscius Lanuvinus (Andr. 6 f.;
Haut. 22; Ad. 15) auch nur Neid; jedenfalls versucht Terenz diesen Eindruck in seiner Verteidigung zu erwecken. Aus Andr. 18
und Eun. 25 läßt sich schließen, daß das Kontaminationsverfah-
ren auch schon von Naevius, Ennius und Plautus angewandt
worden war, also der Praxis römischer Bühnenautoren entsprach. Gänzlich verpönt scheint indes das *furtum* («Dieb-
stahl»), das Plagiat, gewesen zu sein. Von *furtum* (Eun. 28,
Ad. 13) sprach man, wenn eine bereits von einem römischen
Dichter bearbeitete Stelle nochmals auf die Bühne gebracht
wurde. Wie auch immer man Terenzens Selbstverteidigung ein-
schätzt, gibt sie doch indirekt Zeugnis davon, daß die römischen
Dichter nicht einfach übersetzten, sondern ihre Vorbilder bewußt umgestalteten. Diese Vermutung wird auch dadurch er-
härtet, daß Terenz die sklavische Nachahmung als *obscura dili-
gentia* («finstere Sorgfalt», Andr. 21) schmäht.

 Die Spannung zwischen Nachahmung und Originalität bestimmt das Gepräge der Palliata und hat die Philologie ausgiebig beschäftigt. So haben Plautus- und Terenz-Leser seit jeher
bemerkt, daß die *oikonomía*, der «Handlungsaufbau», der römischen Komödie im Vergleich zur griechischen sehr viel sorg-
loser gestaltet ist, während sich die brillante Einzelszene bisweilen verselbständigt. Schon Horaz bemängelte die nachlässige
Charakterzeichnung des Plautus, er lasse seine Figuren «mit
lockerem Schuh über die Bühne schlurfen» (epist. 2,1,174).

Theaterbetrieb und Überlieferung

Theaterstücke waren der Begutachtung oder Zensur durch den Ädil unterworfen. Ihm legte der Theaterdirektor, nachdem er ein Stück gekauft hatte, einen vollständigen Text mit Sprecherrollen und Regieanweisungen, sog. *parepigraphaí*, vor. Aus einigen erhaltenen griechischen Papyri läßt sich eine Vorstellung gewinnen, wie Komödientexte aussahen. Sprecherwechsel waren vermutlich durch Spatien oder durch eine *parágraphos*, also einen Spiegelstrich, angezeigt. Möglicherweise gab es ein Siglensystem (Buchstaben A,B,C), die die verschiedenen Sprecher andeuteten. Die heute übliche Konvention, jeweils den gegebenenfalls abgekürzten Namen der einzelnen Sprecher vor jedem Part anzuzeigen, gab es in der Antike nicht. Nach Plautus' Tod zirkulierten seine Stücke ohne eine kanonische Schriftfassung. Selbst Terenz scheint ohne einen Lesetext des Plautus ausgekommen zu sein. Gleichwohl muß er wohl punktuell plautinische Komödien eingesehen haben. Wir können davon ausgehen, daß die Autoren Anspielungen auf andere Stücke jeweils aus Theateraufführungen bezogen, bei denen sie selbst anwesend waren. Dabei ist vorauszusetzen, daß antike Hörer ein sehr viel besseres Gedächtnis besaßen als moderne Theaterzuschauer. Wiederaufführungen des Plautus sind ab der Mitte des 2. Jahrhunderts gut bezeugt. Die Stücke konnten in den Händen von Theaterdirektoren Umwandlungen, Interpolationen, Streichungen, Parallelfassungen, aber auch Modernisierungen der Sprache erfahren. Der überlieferte Prolog der *Casina* stammt von einer Wiederaufführung der Komödie nach Plautus' Tod. Der Prologsprecher, mutmaßlich der Direktor der Schauspieltruppe, macht die alte Komödie mit dem Verweis auf die Qualität alten Weines schmackhaft (5 f.): *qui utuntur vino vetere sapientis puto / et qui libenter veteres spectant fabulas* («Die Trinker alten Weines halte ich für Weise, ebenso die Liebhaber alter Komödien»). Daran knüpft sich eine Schmähung der gegenwärtigen Komödienproduktion. Diese dürfte allerdings nicht nur in der Qualität, sondern vor allem vom Umfang her unbeträchtlich gewesen sein, so daß es zur Wiederaufführung alter Stücke kaum Alternativen gab. Es spricht manches dafür, daß im Rahmen von Wiederaufführungen Änderungen eingeschwärzt wurden, um die Stücke für das Publikum attraktiv zu halten.

Eine gewisse Kontrolle über den Text setzte erst mit der Plautus-Philologie und der Erstellung von Text-Corpora ein. Die frühesten Plautusleser, die mit Texten arbeiteten und nicht nur aus dem Theater mit den Stücken vertraut wurden, sind wohl Lucilius und Accius. Der Grammatiker Aelius Stilo hat vermutlich ein Kompendium mit 25 Plautus-Stücken vorgelegt. Varro reduzierte die Zahl der als echt anerkannten *fabulae* («Theaterstücke») auf 21. Diese sind auf einem Palimpsest des 5. Jahrhunderts enthalten. Er stammt von irischer Hand und wurde später mit dem «Buch der Könige» überschrieben. Der zweite Traditionsstrang, der uns mit Plautus-Texten versorgt, ist die sogenannte palatinische Rezension, eine Handschriftengruppe aus dem 10. Jahrhundert. Alle erhaltenen Textzeugen gehen wohl auf einen verlorenen Codex des 4. Jahrhunderts, der die 21 *fabulae Varronianae* enthielt, zurück. Das bedeutet, der sogenannte ‹Archetypus›, die älteste rekonstruierbare Fassung, ist über ein halbes Jahrtausend nach der Lebenszeit des Plautus entstanden. Die schwierige Überlieferungslage sowie die, gemessen am griechischen Drama und an der ‹klassischen› Dramentradition in den Nationalliteraturen der Neuzeit, unorthodoxe Handlungsführung in der römischen Komödie haben die Echtheitskritik befeuert.

Caecilius Statius (gest. 168 v. Chr.), ein keltischer Insubrer aus der Poebene, kam als kriegsgefangener Sklave nach Rom. Bei der Freilassung nahm er den Gentilnamen seines Patrons an. Aus seinem fragmentarischen Werk sind 42 Titel bekannt, von denen 16 auf Menander als Vorlage weisen. Gellius 2,23 vergleicht anhand einer Gegenüberstellung von Lesetexten aus Caecilius' *Plocium* («Halsband») und dessen Menandrischer Vorlage die inhaltlichen Eingriffe des römischen Autors und seine an Plautus erinnernde Sprachkunst. Sosehr Caecilius an sich zu beeindrucken vermag, so deutlich fällt er in Gellius' Urteil gegenüber Menander als «glanz- und schwunglos» (*sor-*

dere et iacere) ab. In Anlehnung an Ciceros Urteil über die Neue Komödie als *imitatio vitae, speculum consuetudinis, imago veritatis* («Nachahmung des Lebens, Spiegel des Alltags, Bild der Wahrheit», bei Donat. de com. 5,1) erkennt er Menanders Stück als *de vita hominum media sumptum* («mitten aus dem menschlichen Leben gegriffen»), Caecilius habe dagegen «allerhand Possenhaftes ‹hineingetreten›», *alia nescio qua mimica inculcavit*. Bei Menander findet Gellius Eigenschaften wie *dignitas* («Würde»), *gratia* («Anmut»), *sinceritas* («Reinheit»), *veritas* («Natürlichkeit»), die er zwischen Caecilius' *trunca* («Flickwerk») und *tragicus tumor* («Schwulst») gänzlich vermißt. Der so deutliche Stilbruch, dessen sich der römische Autor bei seiner freien Übertragung nach Gellius schuldig gemacht hatte, dürfte Caecilius' Publikum gefallen haben. Er war einerseits eine Konzession an die vorliterarische Tradition, welche noch Livius (7,2) mit großer Wärme in Erinnerung ruft, andererseits konnte das gebildete Publikum sich an der bisweilen travestieartigen Umwandlung der Vorlage ergötzen. Volcacius Sedigitus und Cicero (de opt. gen. 2) hielten Caecilius für den größten komischen Dichter, vermutlich aufgrund der derben, dem Mimus nahestehenden Komik. Das Ethos der *Néa* dürfte sich den Römern des 2. Jahrhunderts ohnehin kaum erschlossen haben. Die Natürlichkeit, welche Menander attestiert wird, bezieht sich vor allem auf die Frage, ob sich das Handeln der Personen schlüssig aus ihrem Charakter ergibt. Das Handlungsgerüst fffselbst beruht häufig auf konstruierten Zufällen und unglaublichen Verwicklungen. Das Augenmerk liegt, ähnlich wie in der Tragödie, darauf, wie sich die Protagonisten in ihrer Lage bewähren. Entsprechend ihrem Verhalten werden sie von der *agathè týche* («gerechtes Schicksal») entweder belohnt oder bestraft. Am Ende ist die Ordnung wieder hergestellt.

Die römische Komödie gibt den engen Zusammenhang zwischen charakterlicher Beschaffenheit und Ergehen teilweise auf und führt den Plot bisweilen durch kruden Zufall. Wenn Varro Caecilius dennoch unter allen Dichtern den Vorrang *in argumentis* («Handlungsführung») zuerkannte (sat. men. 399B.), so

bezieht sich das wohl nur auf den Umstand, daß er auf Kontamination (s. S. 48) verzichtete.

T. MACC(I)US PLAUTUS (geb. 250 v. Chr. in Sarsina, gest. 184
v. Chr. in Rom) war vermutlich Schauspieler. Der Beiname
Macc(i)us weist auf eine stereotype Figur der Atellane (s. S. 37).
Unter seinem Namen kursierten 130 Stücke, davon die aller-
meisten Fälschungen. Dieser Umstand belegt die Anziehungs-
kraft des ‹Markennamens› Plautus beim Publikum. Die *Aulula-
ria* (Vorlage für Molières *Geizhals*), *Bacchides* («Zwei Hetären
namens Bacchis»), *Cistellaria* («Kästchenkomödie») und *Sti-
chus* haben Menander zur Vorlage, *Mercator* («Kaufmann»)
und *Trinummus* («Schatz») gehen auf Philemon zurück, der *Casina* und dem *Rudens* («Schiffstau») hat Diphilos Pate gestan-
den. Für die *Asinaria* («Eselskomödie») nennt Plautus im Prolog einen sonst unbekannten Demophilos als Vorbild. Es ist
nicht auszuschließen, daß er die Vorlage nur fingiert, um das
gattungsübliche Kolorit aufzutragen. Auch die *Menaechmi*
(«Zwillinge», Vorbild für Shakespeares farceskes Stück *The Co-
medy of Errors*) könnten ohne griechisches Original entstanden
sein; der *Amphitruo*, dem das literarisch reichhaltigste Nachleben beschieden war (u. a. Molière, Kleist, Giraudoux, Kaiser),
ist eine Tragikomödie oder vielleicht Tragödienparodie auf den
Amphitryon-Stoff. Plautus selbst spielt im Prolog mit der als *ko-
moidotragoidía* bekannten Gattung, indem er das Wort um-
dreht und von *tragicocomoedia* spricht. Im *Miles gloriosus*
(«Soldat Prahlhans») – das Stück lehnt sich an den *Alazón*
(«Prahlhans») eines Menandernachahmers an – steht die typische Figur des angeberischen, ‹bramarbasierenden›, aber dum-
men Soldaten im Mittelpunkt. Nicht selten verschmilzt Plautus
mehrere griechische Komödien zu einem lateinischen Stück
(Kontamination, s. S. 48).

Die *palliatae* des Plautus geben ein Zerrbild der römischen
Gesellschaft: Der *pater familias* («Hausvater») wird verhöhnt,
listige Sklaven dominieren über ihre Herren, Hetären trium-
phieren. Die Gattung durchzieht ein surrealer Zug. Die Verhältnisse der Komödie sind deshalb nicht selten mit den Satur-

nalien in Bezug gesetzt worden, einer Art römischem ‹Faschings-
fest›, das im Dezember gefeiert wurde und bei dem die Rollen
zwischen Sklaven und Herren vertauscht waren. Plautus formte
die hellenistischen Vorlagen, die in der Regel Intrigenstücke mit
sentimentalem Einschlag gewesen sein dürften, in Burlesken
um. Aus der griechischen *agathè týche*, welche die Guten belohnt und das Stück zu einem ‹gerechten› Ende führt, ist *fortuna*
geworden, der blinde Zufall, der meist dem schlauen *machina-
tor* («Intriganten») zu Hilfe kommt. Nicht feine Charakterzeichnung, sondern derber Witz, nicht logischer Handlungsaufbau, sondern die Wirkung der Einzelszene und Situationskomik
treten als Hauptmerkmale hervor. Die *cantica* («Lieder») erzeu-
gen einen singspielhaften Charakter. Das Latein des Plautus ist
der Umgangssprache nahe, erhebt sich aber bisweilen zum par-
odistisch gebrauchten Tragödienstil, kennt lyrische Passagen
und sinkt nicht selten zum volkstümlichen Jargon und zum
Schimpfwort ab.

P. TERENTIUS AFER (geb. um 195 oder 185 v. Chr. in Afrika,
gest. 159 v. Chr. in Rom) kam als Freigelassener des Terentius
Lucanus, dessen Gentilnamen er führte, nach Rom. Seine Be-
kanntschaft mit dem jüngeren Scipio und mit Laelius (sog. ‹Scipionenkreis›, s. S. 106; 109) ist bezeugt. Daß beide ihm bei der
Abfassung seiner Komödien geholfen haben sollen, ist hingegen
ein von Terenz selbst gestreutes Gerücht. Eigenständige Komödien ohne griechische Vorlage sind von ihm nicht bekannt. Da
wir von den Aufführungen seiner Stücke die Didaskalien besitzen, also Dokumentationen über Anlaß der Aufführung, Schau-
spieldirektor, gegebenenfalls herausragende Schauspieler oder
errungene Preise, lassen sich alle sechs Stücke datieren, nämlich
zwischen die Jahre 166–160 v. Chr. *Hecyra* («Schwiegermut-
ter») und *Phormio* sind nach Apollodor von Karystos gear-
beitet, die anderen Stücke, *Andria* («Mädchen aus Andros»),
Heautontimorumenos («Selbstquäler»), *Eunuchus*, *Adelphoe*
(«Brüder»), nach Menander. Terenz hielt sich enger an seine
Vorlagen als Plautus, die *dramatis personae* entsprechen dem
stereotypen Personal der Neuen Komödie (*Néa*): Dazu gehören

der in der Regel geizige und hartherzige «Familienvater» (*pater familias*), der unter diesem leidende und stets verliebte Sohn (*adulescens*) sowie die Mutter (*matrona*). «Listiger Sklave» (*servus fallax*), geldgierige(r) «Kuppler(in)» (*leno, lena*), «großsprecherischer Soldat» (*miles gloriosus*), «Denunziant» (*sycophanta*) und «Hetäre» (*meretrix*) treten hinzu.

Terenz ändert weniger die Struktur als das Ethos der hellenistischen Originale. Offensichtlich ist es ein Merkmal seiner Kunst, daß er edle Charaktere bisweilen in Karikaturen umbiegt. So erweist sich Chremes im *Heautontimorumenos* (163 aufgeführt), der als *homo humanus* mit hehren Maximen (*homo sum humani nihil a me alienum puto*, «Ich bin ein Mensch, nichts Menschliches ist mir fremd», 77) eingeführt wird, am Schluß als Schwätzer und Intrigant. Caesar nannte Terenz *dimidiatus Menander* («halben Menander»), wobei er offenbar die bessere Hälfte an ihm vermißte. Im Vergleich zu Plautus verzichtete Terenz auf derbe und oberflächliche Komik und verlegte statt dessen die Verwicklungen eher ins Innere der Personen. Früh avancierte er zum Schulautor und wurde bereits in der Spätantike kommentiert, z. B. von Donat (4. Jh.) oder Eugraphius (5./6. Jh.).

Satire

Die Satire gilt den Römern als ihre ureigene Gattung. Quintilian (10,1,93) sieht sie gar als eine römische Schöpfung an: *satura quidem tota nostra est* («die Satire freilich ist ganz unser»). Sie tritt in zahlreichen literarischen und subliterarischen Erscheinungsformen auf. *Satura* bedeutete ursprünglich «Mischung», «Pêle-mêle», «Potpourri». Verschiedene Formen der *satura* sind zu unterscheiden: 1. die sog. ‹dramatische *satura*›, das vorliterarische Stegreifspiel, vermutlich in der Art von improvisierten Sketchen ohne ausgearbeitete Handlungsstruktur, wie es bei Livius 7,2 geschildert ist; 2. die literarische Verssatire (Ennius, Pacuvius), die einen moralischen Unterton hatte, aber nicht ‹satirisch›, im Sinne von ‹bissig›, ‹angriffslustig› war. 3. die aggressive, zeit- und gesellschaftskritische *satura* (Lucilius, Horaz, Persius, Iuvenal), für die seit dem späten Lucilius der Hexameter kanonisch wurde. 4. Varro hat den Begriff auf eine von Menippos von Gadara (3. Jh. v. Chr.) zur Verbreitung kynischer Popularphilosophie eingeführte Gattung, die *Menippeische Satire*, übertragen. Diese zeichnet sich durch ‹Mischung› von Prosa und Vers (*Prosimetrum*) aus (Varro, *Menippeische Satiren*; Seneca, *Apocolocyntosis*; Petron, *Satyrica*).

C. LUCILIUS (geb. zwischen 180 und 157 v. Chr. in Suessa Aurunca [Kampanien], gest. 103/102 v. Chr. in Neapel), ein vornehmer Ritter aus dem Freundeskreis des Scipio, begann nach der Rückkehr von dem Feldzug gegen Numantia (133 zerstört), vielleicht weil er glaubte, nicht mehr in die Zeit zu passen, Satiren zu schreiben. Er gab der Gattung erstmals einen im heutigen Sinne ‹satirischen› Charakter. Sie diente ihm als ein Medium politisch-gesellschaftlicher und literarischer Zeitkritik, wobei er persönliche Angriffe nicht scheute. Das Werk umfaßte 30 Bücher. Eine erste Sammlung, die Bücher 26–30, wurde von Lucilius selbst herausgegeben, 1–20 (21) wurden postum ediert und faßten Einzelsatiren zusammen, 21 (22)–25 enthielten Gedichte nicht-satirischen Inhalts. Lucilius experimentierte, der uneinheitlichen Gattung der Satire gemäß, zunächst mit unterschiedlichen Metren, fand dann aber zum Hexameter, der zum kanonischen Satirenversmaß wurde. Buch 26 eröffnet eine Einleitungssatire, in der Lucilius seine Dichtung gegen das Epos verteidigt (ähnlich: Hor. sat. 2,1). Es finden sich ferner Angriffe auf die Tragödie und besonders auf Accius, dessen hoher Stil und kleine Gestalt Ziel des Spottes sind. Weitere Themen sind Ehegesetzgebung, Parasitentum, Hetärenwesen, Luxusleben, Gastmähler (ähnlich: Hor. sat. 2,8 [*Cena Nasidieni*]; Petr. 27–78 [*Cena Trimalchionis*]), eine Reise nach Sizilien (ähnlich: Hor. sat. 1,5 [*Iter Brundisinum*]) sowie scharfzüngige Kommentare zur Tagespolitik. Lucilius schrieb im *sermo cotidianus* («Alltagssprache»), bisweilen auch im *sermo castrensis* («Kasernenjargon»). Horaz bemängelte seinen ungepflegten Stil

(*durus componere versus*, «schwerfällig im Verseschmieden»,
sat. 1,4,8), und sein sorgloses, rasches Dichten (*in hora saepe
ducentos, / ut magnum, versus dictabat stans pede in uno*, «oft
pflegte er in einer Stunde und auf einem Bein stehend 200 Verse
zu diktieren, als sei das etwas Tolles», sat. 1,4,9 f.), erkannte ihn
jedoch als maßgeblichen Wegbereiter der satirischen Gattung
an, der die Römer mit «reichlich Salz abgerieben» habe (sat.
1,10,3 f.).

In der Satirendichtung läßt sich HORAZ (s. S. 75) als Nachfolger und Vollender des Lucilius beschreiben. Das erste seiner beiden Bücher *sermones* – Horaz nennt sie lockere «Gespräche» –
enthält zehn Satiren und wurde um 35 v. Chr. vollendet, das
zweite Buch umfaßt acht Satiren und dürfte um 30/29 veröffentlicht worden sein. Politische Zeitkritik tritt weitgehend
hinter das Karikieren menschlicher Laster (Habgier [1,1], Ehebruch [1,2] Schmähsucht [1,3], die Aufdringlichkeit eines
Schwätzers [1,9]), Berichte über eigenes Erleben wie die Reise
nach Brundisium (1,5) oder literarische Auseinandersetzung,
besonders mit Lucilius (1,4; 1,10) zurück. Das zweite Buch zeigt
einen diptychonartigen Aufbau, wobei die Themen der Satiren 1–4 und 5–8 locker aufeinander bezogen sind. Den Rat-
schlägen zum Umgang mit Kritik im ersten Stück entspricht die
Befragung des Teiresias durch Odysseus in der Unterwelt im
fünften. Die zweite und sechste Satire preisen ländliche Einfach-
heit; letztere enthält die bekannte Fabel von Stadt- und Land-
maus. In 2,3 und 2,7 treten stoische Rigoristen von eher zwei-
felhaftem Format auf, die Schlußstücke der beiden Hälften
schließlich widmen sich Feinschmeckertum und Tafelluxus. Gerade diese Satiren zeigen die feine Kunst des Horaz, die im *ri-
dentem dicere verum* («lächelnd die Wahrheit sagen», 1,1,24)
liegt, meiden sie doch die grellen Töne, zu denen eben dieses
Dekadenzphänomen einlädt, und kehren eher die geistige Ver-
armung derer heraus, die leben, um zu essen, anstatt zu essen,
um zu leben, die also ihre gesamte Lebensenergie auf leibliche
Genüsse verwenden. Horaz bietet populärphilosophische Lebensweisheit im Stile der kynischen Diatribe des Bion von Bo-

rysthenes (3. Jh. v. Chr.). Er kritisiert die Mempsimoiria (griech. «Unzufriedenheit mit dem eigenen Los», 1,1), läßt sich selbst von seinem Sklaven den Spiegel vorhalten und lernt, daß nur der Weise wirklich frei ist (2,7). Feine Zurückhaltung läßt Horaz nie aufdringlich werden, Selbstironie verleiht den *Satiren* einen gewinnenden Ton.

Aules Persius Flaccus (geb. 34 n. Chr. in Volterra, gest. 62 n. Chr. auf seinem Landgut bei Rom) kam früh nach Rom, wo er eine sorgfältige Ausbildung bei dem Grammatiker Remmius Palaemon und dem Rhetor Verginius Flavus genoß. Er hatte Zugang zu führenden gesellschaftlichen Kreisen. Sein väterlicher Freund und Mentor war der Stoiker Annaeus Cornutus, der Stoiker Paetus Thrasea war sein Onkel. Über sein Leben unterrichtet eine auf seinen Zeitgenossen, den Grammatiker Valerius Probus, zurückgehende *Vita*. Neben einem kurzen Einleitungsgedicht in Hinkjamben sind sechs hexametrische Satiren erhalten, die nach dem frühen Tod des Dichters von Cornutus und Persius' Freund, dem Lyriker Caesius Bassus, herausgegeben wurden. Persius hielt die Gesellschaft für verdorben und betrachtete es als Aufgabe der Satire, die Mitbürger auf der Grundlage der stoischen Philosophie moralisch zu bessern. Vorbilder sind vor allem die kynischstoische Diatribe und Horaz, aus dessen Satiren Persius manches entlehnt. Im Ton ist er schneidender als dieser. Seine Sprache ist schwierig, bisweilen dunkel.

Decimus Iunius Iuvenalis (geb. spätestens 67 n. Chr. in Aquinum [Kampanien], gest. nach 127 n. Chr.) begann unter Trajan zu dichten und hatte seine Akme unter Hadrian. Er verfaßte 16 Satiren in fünf Büchern, in denen er über die Sittenverderbnis Gericht hält, die Heuchelei der Gesellschaft, besonders der Oberschicht geißelt, das Großstadtleben verwirft, über Frauen herzieht (in der Tradition der Weiberschelte des griechischen Lyrikers Semonides, 7. Jh.). Maßstab ist das idealisierte alte Rom. An die Stelle philosophischer Lebensweisheit eines Horaz setzt er die herkömmliche konservative Moral. Statt lächelnd und überlegen ist sein Stil eifernd und pathetisch, statt feiner

Zurückhaltung bevorzugt er ungeschminkte Direktheit, seine Karikaturen sind bisweilen so stark übertrieben, daß ein Bezug zur Realität schwer zu erkennen ist. Sein Ausspruch *difficile est satiram non scribere* («es ist schwierig, keine Satire zu schreiben», 1,30) ist ebenso zum geflügelten Wort geworden wie *mens sana in corpore sano* («ein gesunder Geist in einem gesunden Körper», 10,356) oder *panem et circenses* («Brot und Spiele», 10,81).

Menippeische Satire

Die nach Menippos von Gadara (3. Jh. v. Chr.) benannte Gattung zeichnet sich durch die Mischung von Vers- und Prosateilen aus; deshalb wird sie auch *Prosimetrum* genannt. Der Gelehrte und Antiquar VARRO hat sie erstmals in Rom eingeführt. Seine 15 Bücher *Menippeische Satiren* sind so fragmentarisch überliefert, daß sich ein Urteil über sie verbietet. Auffällig ist jedoch, daß viele von ihnen griechische oder griechisch-lateinische Titel tragen. Dieses Merkmal zeichnet auch die einzige erhaltene menippeische Satire aus, die *Apocolocyntosis Divi Claudii* («Verkürbissung» statt *Apothéosis*, «Vergöttlichung» des Kaisers Claudius) des Prinzenerziehers SENECA (s. S. 114). In ihr werden Sterben und Himmelfahrt des Seneca verhaßten Kaisers Claudius auf höchst abschätzige Weise parodiert. Der jugendliche Prinzeps Nero wird als Lichtgestalt dargestellt, wodurch dem Werk der Geruch von *ira* («Zorn» gegen den verstorbenen) *et studio* («Schmeichelei» gegen den neuen Prinzeps) anhaftet. Offenbar hatte Seneca eine Rechnung mit dem Kaiser, der ihn verbannt hatte, zu begleichen; vielleicht wollte er sich auch nur abreagieren, nachdem er als ‹Edelfeder› Neros diesem eine sehr ehrerbietige offizielle Grabrede für den Verstorbenen in den Mund gelegt hatte (Tac. ann. 13,3).

Lyrik

a) Elegie

«Auch mit der Elegie fordern wir die Griechen im Wettstreit heraus; ihr am meisten geglätteter und erlesenster Vertreter scheint mir Tibull zu sein; andere ziehen Properz vor. Ovid überbietet beide an Freizügigkeit, Gallus an Härte des Ausdrucks» (Quint. 10,1,93). Die Elegie ist zunächst durch das Versmaß formal bestimmt: Es handelt sich um Gedichte im elegischen Distichon (Abfolge von Hexameter und Pentameter). Die Grenzen der Gattung sind nicht ganz leicht zu bestimmen. Quintilian nennt mit Gallus, Tibull und Properz den bereits zu Ovids Lebzeiten gültigen Kanon. Ovid selbst gesellt sich an verschiedenen Stellen seines Werkes (ars 3,535–538; rem. 763–766; trist. 4,10,51–54) zu den *tresviri amoris* als vierter hinzu. Allerdings dürfte es außer den Genannten weitere Elegiendichter und -dichtungen gegeben haben.

Als ‹Gründungsgedicht der Gattung› gilt Catull, *carmen* 68, die sogenannte *Allius-Elegie*. Es handelt sich dabei um ein neoterisches Gedicht, das aus zwei Teilen besteht. Im ersten antwortet Catull auf einen Brief seines Freundes Allius, in dem dieser ihn um ein *munus veneris* («Geschenk der Liebe») gebeten hatte. Damit kann nichts anderes als ein Gedicht, genau genommen ein Liebesgedicht, gemeint gewesen sein. Catull antwortet nämlich, er sei nicht in der Lage zu schreiben, da er sich außerhalb Roms befinde und seine Bibliothek nicht zur Hand habe. Gleichsam nebenbei liefert er damit eine eindrucksvolle Definition des *poeta doctus* («gelehrten Dichters»): Es handelt sich um einen Dichter, der auf Prätexte angewiesen ist, der nicht aus sich heraus etwas Originelles schafft, sondern bereits Geschaffenes in überraschender, neuer Form wiedergibt. Ein solches Gedicht, aus einem bekannten Stoff verblüffend umgearbeitet, sendet Catull dann im zweiten Teil der Brief-Elegie als *munus veneris* an seinen Freund zurück, allerdings mit der expliziten Einschränkung, er habe nur etwas Kleines dichten können, da er nur *una capsula*, «*eine* Kapsel», also *eine* Buchrolle, dabei habe. Das elegische Gedicht, das Catull ausgehend von dieser einen Buchrolle geschaffen hat, ist eine Behandlung des Mythos von Protesilaos, des ersten Kämpfers, der im trojanischen Krieg fiel, und Laodamia. Dieser mythische Stoff wird in Verbindung gebracht mit dem Tod von Catulls Bruder, der seinerseits in der Troas *nuper*, «wenige Zeit zuvor», verstorben war. Ein Kennzeichen der Elegie ist es also offensichtlich, einen mythologischen Stoff mit persönlichem Erleben zu verbinden. Vor diesem Hintergrund hat man bisweilen objektive von subjektiven Elegien unterschieden; während in ersteren eine mythologische Person oder auch eine Sache, z. B. die Locke der Berenike in Catulls *carmen* 66, spricht, tritt in letzteren ein dichterisches Ich in der ersten Person auf. Allerdings ist auch dieses nicht autobiographisch zu deuten, sondern der Dichter nimmt vielmehr eine bestimmte Rolle ein, ist als Sprecher ein literarisches Konstrukt. Gleiches gilt für die *puellae* («Mädchen», hier: «Geliebte»), die besungen werden. Mag man hinter manchen auch historische Persönlichkeiten vermuten, so handelt es sich doch um literarische Figuren. Es hat eine lange Diskussion gegeben, ob diese Art der Liebeselegie, die Mythisches und Persönliches verknüpft, auch schon bei den Griechen gepflegt wurde. Eine endgültige Antwort steht aufgrund der schlechten Überlieferungslage aus. Die erhaltenen griechischen Elegien tragen zumindest ein deutlich anderes Gepräge als die römische Liebeselegie.

Bereits im 7. Jh.v. Chr. schrieb Mimnermos von Kolophon Elegien, die von den Alexandrinern zu einer Sammlung unter dem Titel *Nanno*, dem Namen einer Flötenspielerin, zusammengefaßt wurden. In den erhaltenen Fragmenten wird die Liebe allerdings nicht als persönliches Erlebnis bedichtet, sondern in den Rahmen allgemeiner Reflexionen über die Vorzüge der Jugend und die Last des Alters eingeordnet. Nicht auf das Gefühl kommt es dem Autor an, sondern auf die geistreiche Bemerkung, den ‹concetto›. Der Leser sollte die geschliffene, prägnante Form bewundern. Gegenüber der römischen Liebesele-

gie wirken Mimnermos' Gedichte eher frostig. Ein ganz anderer
Typus von Elegie liegt bei Solon und Tyrtaios (7./6. Jh.) vor. Ihre
Gedichte haben paränetischen Charakter oder tragen autobiographische Züge nach Art eines Rechtfertigungsberichts. Im
5./4. Jh. v. Chr. gab Antimachos von Kolophon ein nach seiner
verstorbenen Gattin benanntes Gedichtbuch *Lyde* heraus. Plut-
arch (consolatio ad Apollonium 106b) berichtet über diese
Sammlung tragisch-erotischer, dem Mythos entstammender Geschichten, der Verfasser habe das Liebesleid der Heroen mit seinem Verlust verquickt und dadurch Selbsttröstung gesucht.
Trifft dies zu, so hätte Antimachos zwei konstitutive Merkmale
der römischen Elegie, wie wir sie etwa auch in Catulls *carmen* 68 finden, vorgeprägt: zum einen die Verknüpfung unter-
schiedlicher Stoffe, zum anderen den Bezug auf das dichterische
Ich. In jedem Fall scheint die *Lyde* hellenistische Elegiker wie
Hermesianax von Kolophon (um 300 v. Chr.) und Philetas von
Kos (ca. 320–270 v. Chr.) zur Bearbeitung unglücklicher Liebes-
geschichten in katalogartigen Elegien angeregt zu haben.

Das wirkmächtigste Kataloggedicht des Hellenismus waren
die fragmentarisch erhaltenen vier Bücher *Aitia* («Ursprungsge-
dichte», die bestimmte Phänomene mit mythologischen Ursachen erklären) des Kallimachos (ca. 310–249 v. Chr.). Im Prolog
verteidigt Kallimachos seine Art des Dichtens gegen Widersa-
cher. Er macht sich zum Anwalt der kleinen ausgefeilten,
‹schlanken› Form. Diese Forderung entfaltete eine enorme Wirkung. ‹Kallimacheisch› wird meist synonym mit ‹alexandri-
nisch›, oft auch mit ‹hellenistisch› gebraucht. Der Verfasser der
pínakes, des Katalogs der Bibliothek von Alexandria, gilt als
Archeget einer hochgelehrten, anspielungsreichen Dichtung, die
sich vor allem dadurch auszeichnet, daß sie den Leser über-
rascht, Unerwartetes kombiniert, geistreiche Assoziationen
weckt, Vertrautes verblüffend beleuchtet, scheinbar Nebensäch-
liches zur Hauptsache aufwertet. Seine geradezu anarchisch
wirkende Intertextualität durchbricht vertraute Horizonte,
seine ungezügelte Kreativität schafft eine kühne Verbindung
von Nachahmung und Modernität. Die Themen sind traditio-
nell, aber ihre Behandlung unkonventionell. Ein kompromißlo-

ser ästhetischer Anspruch überwölbt das gesamte poetische
Werk. Diese Dichtung läßt ihre Vorgänger schwerfällig erscheinen, erhebt das Unpathetische zum Programm und besticht
durch Souveränität und Ironie.

Es ist gewiß kein Zufall, daß gerade eine jugendliche Avant-
garde in Rom sich von dieser Art des Dichtens angezogen fühlte.
Die Elegie ist gewissermaßen das ‹Projekt› einer Generation, die
nach Bürgerkriegen von der Politik angewidert ist. Ihre Autoren
kehren traditionellen römischen Karrieremustern demonstrativ
den Rücken. Properz (1,1,6) verkündet programmatisch, er
habe sich vorgenommen, *nullo consilio vivere* («planlos vor sich
hinzuleben»), Tibull (1,1,5) verschreibt sich der *vita iners* («trä-
gem Leben»). Ovid wird dereinst in den *Tristien* seine Berufung
zum Dichter in einem vielzitierten Pentameter so formulieren:
Et quod temptabam scribere versus erat («was auch immer ich
zu schreiben versuchte, es kam ein Vers heraus», 4,10,25 f.).
Darin kommt weniger die Leichtigkeit und Begabung eines
‹Wunderkindes› zum Ausdruck als vielmehr das entwaffnende
Bekenntnis, nur zum Dichter und zu nichts anderem geboren zu
sein. Mag er sich noch so sehr bemüht haben, den Wünschen
des Vaters, der für den Sohn die traditionelle Anwaltskarriere
vorsah, zu entsprechen, er konnte seine Natur doch nicht ver-
biegen. Jeder Schriftsatz wurde ihm unter der Hand zu Dichtung; Amor, der Liebesgott und Schirmherr der Elegie, drehte
ihm buchstäblich das Wort im Munde herum und goß die Prosa
in gebundene Rede. Die Berufungserlebnisse der drei Dichter
machen deutlich, daß sie sich außerhalb der etablierten Gesellschaft sahen und in der Dichtung wie im Leben ausgetretene
Pfade mieden.

Das vielleicht größte Skandalon der Elegie besteht darin, daß
sich der Liebhaber einer Frau unterwirft, und zwar keineswegs
einer Frau von Stand, sondern einer Libertine, also einer Freigelassenen. Sie wird zur *domina*, er zum *servus*. Die gesellschaftlichen Verhältnisse sind also auf den Kopf gestellt. In dieser
gleichsam saturnalischen Konstruktion zeigt die Liebesdichtung
ihre Verwandtschaft zur Komödie. Auch dort erniedrigen sich
die jugendlichen Liebhaber und werden nicht zuletzt dadurch

zu lächerlichen Figuren. So ist denn das *servitium amoris* («Sklavendienst der Liebe») ein wesentliches Merkmal der Gattung.
Ovid (am. 1,3,5 f.) verspricht der Frau, der er verfallen ist: *accipe, per longos tibi qui deserviat annos, / accipe, qui pura norit
amare fide* («nimm ihn an, der dir über lange Jahre dienen
möchte; nimm ihn an, der es vermag, in reiner Treue zu lieben»).
In diesem Gelöbnis klingt als weiteres konstitutives Gattungs-
element die Vorstellung des *foedus aeternum* an, der langen
oder gar «ewigen Dauer des Bündnisses». Obwohl es sich um
die freie Liebe zu einer Libertine oder Hetäre handelt, sieht der
Liebhaber sie gleich einer Ehe als immerwährend an. Während
der vertragliche Konsens der Ehegatten den Bestand einer Ehe
sichert, beruht die Dauerhaftigkeit der freien Beziehung auf
echter Liebe. Ovid beschreibt in der *Ars amatoria* (2,157 f.)
schelmisch den Unterschied zwischen Ehefrau und Geliebter mit
demjenigen zwischen Pflicht und Neigung.

Der *poeta amator* («Dichter-Liebhaber») übt sich in einer
Trotzhaltung gegen den gesellschaftlichen und literarischen
Comment. Indes sind die elegischen Werke der literarischen
Tradition stärker verbunden, als es auf den ersten Blick scheinen mag. Sie greifen zahlreiche bestehende Gattungen spielerisch auf. Zunächst ist in ihnen auf Schritt und Tritt die römische, aus der Epoche der Mündlichkeit herrührende Tradition
satirischen Sprechens lebendig. Einige deftige Catullgedichte,
die Persönlichkeiten des öffentlichen Lebens wie etwa Caesar
(c. 29; 57) mit obszönen Unterstellungen angreifen, sind nicht
wörtlich zu nehmen, sondern der Tradition der *carmina triumphalia* vergleichbar oder den Vorformen der römischen Bühne
(Liv. 7,2,5: *iocularia fundere*) (s. S. 39). Derbheiten sind sozusagen in mehr oder weniger kunstvolle Form gegossen. Stellt man
in Rechnung, daß das erste Jahrhundert auch die Epoche der
Antiquare war und daß in Zeiten der politischen Wirrnisse die
primitive und vermeintlich moralisch bessere Vergangenheit
verherrlicht wurde, ist die Art und Weise der catullischen Reve-
renz an die Vorzeit besonders witzig. Auf das komische Erbe
der Liebesdichtung wurde bereits hingewiesen. Komödie und
Elegie greifen schließlich gleichermaßen auf das Paraklau-

síthyron zurück. Es handelt sich dabei um den Gesang des
exclusus amator, des «ausgesperrten Liebhabers», der vor der
verschlossenen Tür der Geliebten um Einlaß bittet. Ein nach seinem Entdecker *fragmentum Grenfellianum* benannter griechischer Papyrus, der auch unter dem Titel «Des Mädchens Klage»
bekannt ist, enthält ein Beispiel für die umgekehrte Situation:
Ein Mädchen klagt in einem Sologesang über den untreuen Geliebten. Ovid leitet aus dieser Ursituation des unglücklich Liebenden die Entstehung der Elegie ab und schildert folgendes
Aition (fast. 4,109–114, vgl. auch ars 2,527):

> primus amans carmen vigilatum nocte negata
>   dicitur ad clausas concinuisse fores.
> eloquiumque fuit duram exorare puellam,
>   proque sua causa quisque disertus erat.
> mille per hanc artes motae, studioque placendi,
>   quae latuere prius, multa reperta ferunt.

«Der erste Liebhaber soll an der verschlossenen Tür einen uner-
müdlichen Gesang angestimmt haben, nachdem ihm die Nacht
verweigert worden war; ein hartherziges Mädchen zu betören
galt als Beredsamkeit, und in eigener Sache war jeder ein schlag-
fertiger Anwalt. Tausende sind durch diese Kunst erweicht worden, und im Bestreben, die Geliebte zu beeindrucken, wurde
vieles erfunden, was vorher unbekannt war.» Das Klagen an der
Tür ist somit nicht nur die Keimzelle der Elegie, sondern der
Beredsamkeit und vieler weiterer Künste; der erste Liebhaber
steht am Beginn der Kulturentstehung. Zugleich offenbart sich
in diesen Versen ein typisch römischer Zug, nämlich die Her-
vorkehrung des *utile* («Nützlichen»): Die Elegie ist werbende
Dichtung, der Sänger will durch sie beim Mädchen etwas erreichen, das Gefühl tritt hinter strategische Überlegung zurück.
Die Liebe wird bei Ovid selbst zu einer *ars*, die der Dichter sou-
verän beherrscht, mit der er zu spielen versteht.

   Wenn Ovid im Paraklausíthyron ursprünglich ein Plädoyer
in eigener Sache sieht, gleichsam eine Suasorie, eine einschmei-
chelnde Rede, so ist der Anlaß seiner Entstehung gewiß treffend
benannt. Es fällt aber schon bei Plautus (Curc. 147–154) auf,

daß die römischen Beispiele dieser Gattung ihre ursprüngliche Funktion sublimiert haben und von einer Anrede zu einem Monolog geworden sind. Der Liebhaber erreicht die Angebetete hinter der Tür gar nicht, sondern spricht mitunter zu der stummen Tür selbst. Seine Selbsterniedrigung erfährt dadurch einen komischen Zug. Tibull 1,2 liefert dafür ein eindrückliches Beispiel: Nach einer Einleitung von vier Versen, in denen der Dichter seinen Kummer im Wein ertränkt und schon dadurch eine unwürdige Figur abgibt, folgt das eigentliche Paraklausíthyron. Zunächst wird die Tür angesprochen (5–14), sodann Delia (15–88) und schließlich ein unbekannter Spötter, der den klagenden Jüngling verlacht (89–100). Dessen Reaktion zeigt, wie nutzlos des Dichters Selbstentblößung war, ja, daß sie nicht einmal gehört wurde. Delia hat ihn ebensowenig verstanden wie die Tür. Der Dichter hat letztlich zu sich selbst gesprochen. Man könnte das mit einem inneren Monolog vergleichen, in dem Wahrgenommenes, Gedachtes, Erinnertes und Assoziiertes ineinanderfließen. Erzählperspektive und Tonfall wechseln, bald ist die Tür oder Delia in der zweiten Person angesprochen, bald folgen allgemeine Reflexionen in der dritten Person. Die Stimmung des labilen Liebhabers schwankt, er verstrickt sich in Widersprüche; bald beschimpft er die Tür, bald bittet er sie um Verzeihung, bald schlägt er Delia Listen zur Täuschung ihres Ehemanns vor, bald verlegt er sich auf klägliches Bitten. Diese innere Zerrissenheit hat bereits Catull in *carmen* 85 (*odi et amo*, «ich hasse und liebe») epigrammatisch verdichtet. Der elegische Liebhaber hat Mnesilochos in Plautus' *Bacchides* (500–525) zum komischen Vorfahr. Dort glaubt sich der Jüngling von seiner Hetäre Bacchis verraten und verwünscht sie einerseits, ist ihr aber andererseits immer noch hoffnungslos verfallen und ringt mit seinen Gefühlen. Indem Tibull am Ende von 1,2 einen Beobachter seiner Liebesqual auftreten läßt, nimmt dieser die Haltung des Rezipienten vorweg und verweist explizit auf das komische Potential, das der Situation anhaftet.

Die Ablösung des elegischen Paraklausíthyron von der Kommunikationssituation und die Umgestaltung der Gattung zu Introspektion und komischer Selbstanalyse lassen sich auch bei

Properz erkennen. Er hat in 1,16 ein Paraklausíthyron eingelegt (17–44), in dem vor allem die Tür angesprochen, also gar nicht erst unterstellt wird, die Geliebte höre zu; umgekehrt berichtet die Tür ihrerseits im Stil hellenistischer Weiheepigramme, in denen Weihegegenstände ihre Geschichte zum besten geben, daß sie als einstiger Hauseingang eines Triumphators schon bessere Zeiten gesehen habe und nunmehr Klagen von abgewiesenen Liebhabern über sich ergehen lassen müsse. Dadurch wird eine Distanz zur eigentlichen Liebesthematik geschaffen, die Tür als Mittlerin filtert die Unmittelbarkeit heraus und läßt nicht mehr die Geliebte, sondern die Reflexion über die Liebe in den Mittelpunkt treten. Das einstige Ständchen an die Geliebte, das von dieser sehr wohl gehört wurde – man vergleiche die Parodie auf ein Paraklausíthyron mit Antwort bei dem attischen Komödiendichter Aristophanes (eccl. 960–975) –, ist zu einem Instrument der Selbstanalyse geworden. Diese Art von Innenschau macht die römische Liebeselegie so modern und kennzeichnet sie, soweit die Überlieferung ein Urteil erlaubt, als innovativ gegenüber der griechischen.

C. Cornelius Gallus (geb. 70/69 v. Chr. in Forum Iulii, heute Fréjus, in Gallien, gest. 27/26 v. Chr.), durchlief als römischer Bürger unter Caesar und Augustus eine glänzende militärisch-politische Karriere bis zum ersten Präfekten Ägyptens und Alexandrias. Übertriebene Selbstdarstellung oder politische Opposition brachten ihn in Gegensatz zu Augustus und führten zu seiner Absetzung und offiziellen Verweisung aus dessen Freundeskreis. Gallus endete durch Selbstmord. Um das Jahr 40 verfaßte er vier Bücher Elegien, in denen er seine Geliebte unter dem Pseudonym Lycoris besang. Er gilt als Archeget der subjektiven römischen Liebeselegie. Parthenios widmete ihm die *Erotikà pathémata* (griech., 36 Fälle von «Liebesleiden» in Prosa), Vergil nahm im sechsten und zehnten Gedicht seiner *Bucolica* auf Gallus sogar mit wörtlichen Zitaten Bezug, wenn man seinem Kommentator Servius glauben darf. Wenig wahrscheinlich ist hingegen Servius' Behauptung (zu ecl. 10,1; georg. 4,1), die *Georgica* hätten ursprünglich mit einem Gallus-Lob geendet, das Vergil nach dem politischen Fall des Dichters durch das ‹Aristaeus-Finale› ersetzt habe.

Die gewaltige Wirkung, die Zeitgenossen dem Gallus bescheinigten, steht im Kontrast zu der spärlichen Überlieferung, die nur zehn teilweise bruchstückhafte elegische Verse gerettet hat. Diese finden sich auf einem 1978 im ägyptischen Qasr Ibrîm gefundenen Papyrus und geben in ihrer archaischen Schwere gewissen Anlaß zum Zweifel an ihrer Echtheit. Sie haben in jedem Fall ein ganz anderes Gepräge als die angeblichen Gallus-Zitate in Vergils 10. *Ekloge*. Gleich im ersten Vers des Papyrus taucht der Name ‹Lycoris› auf. Der Adressat ist C. Iulius Caesar, für den ein Triumph, vermutlich über die Parther, antizipiert wird. Der Dichter interessiert sich jedoch nicht für die politisch-militärische Bedeutung des Ereignisses, sondern sieht darin einen würdigen Stoff, um seine Geliebte zu besingen. Hier ist also ein Propémptikon (griech. «Sende- oder Geleitgedicht») für einen Feldherrn, dem gutes Gelingen vorausgesagt wird, in erotische Perspektive gerückt. Der Triumph ist nur noch die Staffage, um die Freundin zu beeindrucken. Der Kontrast zwischen der offiziellen Bedeutung des Ereignisses und dem subjektiven Desinteresse des Dichters tritt hervor. Zugleich erscheint die Geliebte als allein maßgebliche Richterin über die Werke des *poeta amator*. Das Mädchen ist demnach inspirierende Muse und beurteilende Instanz zugleich, ein Motiv, das in der Elegie häufig anzutreffen ist (z. B. Prop. 2,13).

ALBIUS TIBULLUS (geb. um 50 v. Chr., gest. um 19 v. Chr.) war mit Horaz befreundet und gehörte zum Kreis des M. Valerius Mesalla Corvinus. Diesem diente er im Aquitanerfeldzug (28–27 v. Chr., vgl. 1,7) und begleitete ihn nach Asien, blieb jedoch krank auf Corcyra zurück (1,3). Unter seinem Namen (sog. *Corpus Tibullianum*) sind drei Elegienbücher überliefert, deren drittes jedoch Gedichte von ‹Lygdamus› (ein nicht sicher auflösbares Pseudonym) und Sulpicia (eine der wenigen fassbaren Dichterinnen Roms) enthält; ein Preislied auf Mesalla kann nicht zugewiesen werden. Das erste Buch (10 Elegien) besingt ‹Delia› (der Name leitet sich von der Insel Delos, der Geburtsstätte Apolls, her), das zweite (6 Elegien) ‹Nemesis› (griech. «Vergeltung»), ohne daß beide Frauen die Bücher vollständig beherrschen. Tibull steht vermutlich unter dem Einfluß des Gallus und sicher unter dem des Catull (s. S. 72). Wie Catull verbindet er die Liebesthematik mit dem Topos der andauernden Muße, der *inertia* («Untätigkeit»); wie bei diesem besteht ein Gegensatz zum philosophisch-politischen *otium* («Muße») eines Cicero. Abwendung vom öffentlichen Leben ist Tibull Programm: *servitium amoris* («Sklavendienst der Liebe») statt Staatsdienst, *militia* («Kriegsdienst») als Liebender statt als Soldat. Darüber hinaus zeugen seine Gedichte von der Sehnsucht nach dem einfachen Leben, dem Land, einem ‹Goldenen Zeitalter›. Zeitkritik spricht aus der Ablehnung von Reichtum und Habgier und der Verherrlichung des Friedens (1,1; 1,10). Augusteisch klingt die Bauernromantik, die Schilderung ländlicher Feste (1,7; 2,1; 2,5), wenngleich der Prinzeps nie erwähnt wird, sondern Tibull stets in Ichbezogenheit verharrt. Die Übergänge in den Gedichten sind subjektiv, künstlich und assoziativ, die Sprache ist elegant und schnörkellos.

SEXTUS PROPERTIUS (geb. um 47 v. Chr. in Assisi, gest. um 15 v. Chr.) stammte aus vornehmer Familie, verzichtete selbst aber auf eine öffentliche Laufbahn. Eine staatsabgewandte Haltung spricht auch aus seinen Elegien, die private Themen behandeln; ‹offizielle› Literatur lehnte er ab. Zu prägenden Erlebnissen der Kindheit zählten der Perusinische Krieg sowie der Verlust des Landbesitzes durch Ackerverteilung (41 v. Chr.). Der ‹römische Kallimachos›, der zu sein er selbst beanspruchte (4,1,64), veröffentlichte um das Jahr 28 seine erste Elegiensammlung (*Monóbiblos*, griech. «Einzelbuch»), der im Jahr 22 Buch 2 und 3 und um das Jahr 16 Buch 4 folgten.

In ihnen besang er die Liebe zu ‹Cynthia› (der Name leitet sich vom Cynthus, dem Hausberg des delischen Apoll her; Apuleius, apol. 10, identifiziert sie als Hostia, eine gebildete, kapriziöse Dame der vornehmen Halbwelt). Die Beziehung des Dichters zur Geliebten ist radikal und bedingungslos, sie ist für ihn *servitium amoris* («Sklavendienst der Liebe»). Unerfülltes Verlangen, Eifersucht, Klagen über die Untreue Cynthias, der Versuch, ihrer Macht zu entkommen, Überschwang und Verzweiflung sind die Facetten dieser Liebe. Allerdings tritt im Fortgang der Bücher immer deutlicher das Streben nach Dichterruhm hervor. Cynthia ist seine Muse und seine Kunstrichterin; sie wird durch ihn, aber auch er durch sie berühmt. In 1,7,23–24; 2,1,71–78; 2,13,35–36 will Properz als Liebhaber Cynthias bestattet werden. Im Einleitungsgedicht des dritten Buches sucht er explizit den Nachruhm als Dichter. In 3,1,1–4 bittet er Kallimachos und Philetas von Kos, in deren Hain eintreten zu dürfen und nimmt in Anspruch, als erster griechische Tänze auf italischen Feiern eingeführt zu haben. Dieser Erstlingsanspruch erinnert an Vergil (georg. 2,176: *Ascraeumque cano Romana per oppida carmen*, «und ein askräisches Lied lasse ich durch italische Landstädte erschallen»), der ebenfalls eine griechische Form, in diesem Fall das hesiodeische Lehrgedicht, in ein italisches Umfeld verpflanzt zu haben sich rühmte. Properzens Gedicht 3,1 klingt in homerischen Tönen aus und der Dichter sieht sich nach seinem Tod in aller Munde. Sein Selbstbewußtsein beruht auf seiner Kunst und löst sich allmählich von Cynthia. Im letzten Buch, das auf Maecenas', vielleicht gar Augustus' Anregung hin geschrieben ist, erscheint Properz gewandelt; er ist zu einem Augusteer geworden. Wie Kallimachos dichtet er *aitia*, aber aus der römischen Mythologie und Geschichte. Erotische Themen fehlen auch hier nicht, sind aber distanzierter und humorvoller behandelt. Es tritt der alte Gott Vertumnus auf (4,2), dessen Statue am *Vicus Tuscus* stand, der von Augustus errichtete Apollo-Tempel auf dem Palatin wird erwähnt (4,6), der Verrat der Vestalin Tarpeia (4,4) verbindet eine Episode aus Roms Frühzeit mit der elegischen Liebesthematik, die Herkunft der *Ara Maxima* des Herkules (4,9) und, welche Bewandtnis es mit *Iuppiter Feretrius* («dem Schleuderer») und den *Spolia opima* («herrliche Beuterüstung») hat, wird erläutert.

OVID (s. S. 32) nannte sich selbst einen *tenerorum lusor amorum*, «Spieler in der zarten Liebe» (trist. 4,10,1; 3,3,73). In der Tat ist die Liebe das vorherrschende Thema aller seiner Dichtungen und der Umgang mit ihr spielerisch. Dies zeigt sich in einer gewissen Gefallsucht des Stils und im Überhang der Form vor dem Inhalt, was Ovid selbst im ersten Gedicht der drei Bücher umfassenden Elegiensammlung *Amores* illustriert. Er begründet die Wahl der Gattung damit, daß Amor ihm, der eigentlich Heldenepen schreiben wollte, einen Versfuß gestohlen habe mit der Konsequenz, daß in jedem zweiten Vers der Hexameter zum Pentameter schrumpfte, aus dem epischen Maß also ein elegisches Distichon wurde. Der Beginn der Elegie läßt mit Bedacht den Anfang der *Aeneis* anklingen, *arma gravi numero* (Ovid) – *arma virumque cano* (Vergil). Als der Dichter sich über den Eingriff des Liebesgottes empört und darüber klagt, daß ihm zu der elegischen Form die *materia*, der Gegenstand, fehle, antwortet dieser mit einem Liebespfeil aus seinem Köcher und entzündet in dem Getroffenen das Feuer der Liebe. Die Form geht also dem Stoff voraus. Es handelt sich um eine manierierte Art des Dichtens; nicht die große Passion des Liebenden, sondern die ausgefeilte Kunst des Sprachalchimisten will bewundert werden. Erst im dritten Gedicht ist von einem Mädchen die Rede, in *amores* 1,5 wird sie als ‹Corinna› namhaft gemacht, nach einer griechischen Dichterin aus Böotien (um 500 v. Chr.). Sie tritt auf (1,5,9), *ecce Corinna venit* («sieh, Corinna kommt»), wie auf der Bühne im Theater und wird einer griechischen Götterstatue vergleichbar beschrieben. ‹Corinna› ist wohl kein Pseudonym für eine wirkliche junge Dame, die Figur ist ein Kunstprodukt. Offenbar gab es in Rom Mädchen, die sich als ‹Corinna› ausgaben, wie Ovid selbst amüsiert berichtet (am. 2,17,29). Nach eigener Aussage (ars 3,538) wurde er bisweilen nach ihr gefragt. Apuleius (apol. 10) identifiziert Delia und Cynthia als Plania und Hostia. Sein Schweigen über Corinna spricht dafür, daß er sie nicht enttarnen konnte. Nach *Tristien* 4,10,57 trat Ovid mit 16 oder 17 Jahren erstmals mit Corinna-Gedichten an die Öffentlichkeit; eine erste Fassung der Gedichte in fünf Büchern wurde um 25 publiziert, geraume Zeit später, man vermutet um 7 v. Chr., eine auf drei Bücher verdichtete Ausgabe. Ovid hätte demnach rund 20 Jahre sein Publikum mit den *Amores* unterhalten.

Eine neue Gattung schuf Ovid nach eigenem Bekunden mit den *Heroides* (vgl. ars 3,346). Es handelt sich um 14 Briefe verlassener mythischer Heldinnen an ihre abwesenden Geliebten. Nur der 15. Brief ist Sappho, und somit einer historischen Person, in den Mund gelegt. Die letzten drei Briefe haben jeweils Antwortschreiben, sind also zu Briefpaaren erweitert. In ihnen zeigt sich Ovid als Meister der Ethopoiie, einer Kunst, die in der Rhetorenschule eingeübt wurde. Properzens *Arethusa-Brief* (4,3) gehört zu demselben Typus, wobei sich nicht klären läßt, wem die Priorität gebührt. Der Form nach Elegien, enthalten die Briefe Elemente der Komödie, der Tragödie, des Heldenepos und schließlich der Redekunst. Die Motive der Heldinnen sind durchaus unterschiedlich: Bald wollen sie ihre Liebhaber zurück (so etwa Briseis), bald schreiben sie zur eigenen Rechtfertigung vor der Nachwelt und um ihre treulosen Liebhaber ins Unrecht zu setzen (so etwa Dido), bald ist das Schreiben als solches ein Heilmittel gegen die Liebe (so etwa Sappho).

Die um die Zeitenwende entstandene *Ars amatoria* («Liebeskunst») ist dem Versmaß nach eine Elegie, inhaltlich jedoch ein Lehrgedicht. Ovid stellt sich die eigentlich unmögliche Aufgabe, die Liebe zu lehren. Die ersten beiden Bücher enthalten Ratschläge an Männer, wie man Bekanntschaften knüpft und ihnen Dauer verleiht; das dritte Buch richtet sich mit entsprechenden Empfehlungen an die Damenwelt. Derartige Handreichungen finden sich bereits in den ‹Hetärenspiegeln› der Komödie (z.B. Plaut. Truc. II 1) oder auch in einschlägigen Elegien (etwa Tibull 1,4; Properz 4,5); Ovid erstrebt jedoch Systematik und Vollständigkeit, wobei durch die Tatsache, daß epische Motive in einen erotischen Zusammenhang gerückt werden, der Eindruck einer Parodie entsteht. Die *Remedia amoris* («Heilmittel gegen die Liebe»), sind gleichsam das vierte Buch der *Ars* und zugleich ihr Gegenstück. In ihrer Gesamtheit zeigen die vier Bücher, daß Ovid in der Lage war, einen Gegenstand von allen Seiten und unter mannigfacher Perspektive zu beleuchten.

Die *Ars amatoria* war ein vorgeschobener Grund für Ovids acht Jahre nach deren Erscheinen erfolgte Verbannung. In Tomis am Schwarzen Meer sind die *Tristien* («Trauergesänge») und die

Epistulae ex Ponto («Briefe vom Schwarzen Meer») entstanden. Es sind bedrückende Gedichte, in denen der Gestürzte sein Schicksal beklagt, erschütternd seinen Abschied von Rom schildert (trist. 1,3), in grellen Farben das Klima Skythiens beschreibt (trist. 3,10; 12), aber auch eine Autobiographie vorlegt (trist. 4,10) und schließlich eine ebenso eindringliche wie brillante Verteidigungsrede in Versen (das in sich geschlossene 2. *Tristien*-Buch) an Augustus richtet. Die Dichtung ist für Ovid Trost und Werbung in eigener Sache. Manches in der Verbannung Entstandene ist verloren, etwa auch Gedichte in getischer Sprache. Der erhaltene *Ibis*, ein Schmähgedicht von der Art der *Dirae* («Verwünschungen») der *Appendix Vergiliana* (s. S. 18) übernimmt den Titel von Kallimachos' Gedicht gegen Apollonios Rhodios. In ihrer Echtheit umstritten sind die unvollendeten, der Gattung des Lehrgedichts zugehörigen *Halieutica* («Über Fischfang»).

b) Neoterische Dichtung

C. VALERIUS CATULLUS (geb. um 84 v. Chr. in Verona, gest. um 54 v. Chr.) stammte aus einem patrizischen Geschlecht. Er lebte in Rom, spielt in der Dichtung aber immer wieder auf die norditalienische Heimat an. 57/56 war er dem Proprätor C. Memmius in die Provinz *Asia Minor* gefolgt. Vermutlich besuchte er auf der Reise das Grab seines Bruders in der Troas (s. S. 60).

   Sein Werk umfaßt 116 Gedichte, die sich in drei Gruppen einteilen lassen: 1–60: kleine polymetrische Gedichte, 61–68: große Gedichte, die jeweils auf unterschiedliche Weise mit dem Thema ‹Hochzeit› oder ‹Erfüllung und Trennung einer Verbindung› zu tun haben, 69–116: Epigramme; ob diese so verschiedenen Dichtungen von Catull selbst als ein Buch herausgegeben wurden, ist umstritten. Das Widmungsgedicht (c. 1) stellt die Sammlung in die alexandrinische Dichtungstradition des Kallimachos (kleine, ausgefeilte Gedichte, die als «beiläufige Scherze», *nugae*, charakterisiert werden). Liebe, Liebesleid und Trennung von der Geliebten, die Catull aus Verehrung für die griechische Dichterin Sappho aus Lesbos mit dem Pseudonym ‹Lesbia› benannte (Ov. trist. 2,427 f.), nehmen breiten Raum ein. Sie war

ihm zugleich ‹schöne Helena› (Prop. 2,3,32) und inspirierende
Muse (Mart. 8,73,8). Nach Apuleius (apol. 10) handelte es sich
um Clodia, die Schwester des Cicero-Gegners P. Clodius Pulcher, deren Lebenswandel in der Cicero-Rede *Pro Caelio* eindrucksvoll geschildert wird. Sappho als Vorbild ist wiederum
eine Dichterin, die wie Catulls Liebesdichtung gegen traditionelle Geschlechterrollen verstößt; Horaz (epist. 1,19,28) nennt
sie vielleicht deshalb *mascula Sappho* («männliche Sappho»).
Die Lesbia-Gedichte führen Etappen einer Beziehung vor. Den
Anfang bildet *carmen* 51, als der Dichter Lesbia, vielleicht bei
einem Gastmahl, beobachtet – eine Übertragung von Sappho
(31 L.-P.) in sapphischem Versmaß, die jedoch durch einen überraschenden eigenen Schluß erweitert ist, in dem Catull seinen
Zustand als *otium* (hier: «Lähmung, Nichtstun») bezeichnet.
Das ist ein Kontrast zu Sappho, aber auch zum philosophisch-
politischen *otium*-Begriff eines Cicero und nimmt die provo-
kante Ablehnung traditioneller Lebensformen durch die Elegiker vorweg. Die *Passer* («Sperling»)-Gedichte könnten auf die
strouthoi (griech. «Sperlinge») anspielen, die im ersten Sappho-
Gedicht den Wagen Aphrodites ziehen, und die etwa bei dem
Lexikographen Festus (2. Jh. n. Chr.) als Inbegriff der *salacitas*
(«Geilheit») und Metonymie für das *membrum virile* gelten. Im
ersten *Passer*-Gedicht (c. 2) beneidet der Dichter den Vogel, der
stets bei Lesbia sein darf und wird sich angesichts dessen seiner
Hilflosigkeit bewußt, im zweiten (c. 3) betrauert er den Tod des
Tiers, weil Lesbia darüber traurig ist und er mit dem trauernden
Mädchen nichts anfangen kann. *Carmen* 8 schildert die Qua-
len, die der Dichter angesichts der Treulosigkeit der Freundin
auszuhalten hat. Das Metrum des Gedichts, Hinkjamben, un-
terstreicht die erbärmliche Figur des Liebhabers vor dem stolzen
Mädchen. Die Gedichte 11 und 76 besiegeln die Trennung von
Lesbia. In *carmen* 11 erhalten Furius und Aurelius den Auftrag,
Lesbia den Scheidungsbrief zu hinterbringen. Diese Formalie,
die eigentlich nur in einer Ehe, nicht in einer Libertinenliebe
erforderlich ist, zeigt, daß Catull seine Beziehung im Sinne des
foedus aeternum («ewiges Bündnis») der Ehe gleichstellt. In *carmen* 76 will sich der Dichter innerlich von Lesbia trennen, doch

kommt in den Schlußversen, wo ihn der Zorn übermannt und er dem Mädchen voraussagt, es werde sein Verhalten noch bereuen, zum Ausdruck, daß es ihm keineswegs gelungen ist, sich zu lösen und seine Ruhe wiederzufinden.

Die Gedichte schildern typische Situationen einer Liebe. Mag auch bisweilen vom ‹Lesbia-Roman› die Rede sein, verbietet es sich doch, einen zusammenhängenden Plot zu konstruieren oder das Dargestellte womöglich autobiographisch zu deuten. Catull schlüpft vielmehr in bestimmte Rollen, die durch persönliches Erleben allenfalls bereichert werden.

Catull gehört zur Gruppe der Neoteriker. Der Begriff (griech. *neóteroi*, «Neuerer») wird erstmals von Cicero (ad Att. 7,2,1; orat. 161 in lat. Übersetzung: *poetae novi*) als Sammelbezeichnung für eine Gruppe von Dichtern gebraucht, die sich in der Spätphase der Republik von den traditionellen Stoffen und Formen abwandten und statt dessen kleine Gedichte über private Themen schrieben. Cicero beschimpft sie als «Nachbeter» des Alexandriners Euphorion (*cantores Euphorionis*) und bezichtigt sie der Abkehr von Ennius (Tusc.disp. 3,45). Die Neoteriker waren *poetae docti* («gelehrte Dichter»), die entlegene Stoffe bearbeiteten, zahlreiche Anspielungen versteckten und vor allem auf eine ausgefeilte, hoch artifizielle Form achteten (s. S. 59). Ihre Dichtung huldigte dem Prinzip des *l'art pour l'art* und wandte sich von der ‹staatstragenden› Literatur der Vorgänger demonstrativ ab. Sie verlieh erstmals der Subjektivität künstlerischen Ausdruck. Alle Neoteriker gehörten der Bürgerkriegsgeneration an, welche die intakte Republik (vor Sulla) nicht mehr und die Friedenszeit unter Octavian/Augustus (nach der Schlacht bei Actium, 31 v. Chr.) noch nicht erlebt hat. Ihre Hinwendung zu unpolitischen Mythen, zu Liebe und Hirtendichtung ist auch aus Überdruß an den Zeitläuften zu erklären. Bevorzugte Gattungen waren Epigramm, Elegie und Epyllion. Vertreter sind u. a. P. Valerius Cato, C. Licinius Calvus, C. Helvius Cinna, M. Furius Bibaculus, P. Terentius Varro Atacinus, Q. Cornificius und eben Catull. Letzterer ironisiert Ciceros Staatsgläubigkeit (c. 49). Caesar und dessen Anhänger greift er in Gedichten und Epigrammen scharfzüngig an.

Unter den ‹großen› Catull-Gedichten hat vielleicht das sog. *Peleus-Epos* (c. 64), ein Epyllion über die Hochzeit von Peleus und Thetis, der Eltern Achills, den bedeutendsten Einfluß ausgeübt. Die ausführliche Beschreibung (griech. *ékphrasis*) einer Decke mit der Geschichte der verlassenen Ariadne (50–264) bricht ebenso aus dem Erzählungsverlauf heraus wie das Parzenlied (323–381) am Ende. In der überraschenden Zusammenstellung verschiedener hellenistischer Vorbilder zeigt Catull den Kontrast zwischen erfüllter und unerfüllter Liebe. *Carmen 66* ist eine Nachdichtung der *Locke der Berenike* des Kallimachos mit eigenen Einfügungen, *carmen 65* ein dazugehöriges Begleitgedicht, das dem Werk einen persönlichen Rahmen (Tod des Bruders) gibt. Im Attis-Gedicht (c. 63) vermittelt das Metrum, Galliamben, die im kürzenarmen Latein nur schwer nachzubilden sind, die Atmosphäre orientalischer Orgiastik, was für zeitgenössische Leser fremd geklungen haben muß. Man sieht indes an diesem Experiment, wie Catull bemüht war, die Möglichkeiten der lateinischen Sprache zu erweitern. In der Verwendung griechischer Metren und Strophenformen präfiguriert er gewissermaßen den Meister griechischer Verskunst in Rom, Horaz, als Dichter von Epigrammen weist er auf Martial voraus.

c) *Alkäische Dichtung*

Über das Leben des Q. HORATIUS FLACCUS (geb. 8.12.65 v. Chr. in Venusia [Apulien], gest. 27.11.8 v. Chr.) unterrichten Selbstzeugnisse in den Gedichten und die *Vita* Suetons. Sohn eines Freigelassenen und einfachen *coactor* (Beamter, der bei Versteigerungen als Mittelsmann fungierte), genießt Horaz trotz niederer Abkunft eine gute Ausbildung durch das Exempel des eigenen Vaters (sat. 1,4,103–130), durch Grammatik- und Rhetorikunterricht in Rom und ab 45 durch das Philosophiestudium in Athen. Die *Odusia* des Livius Andronicus (s. S. 9) wird ihm mit Stockschlägen eingebläut von seinem Lehrer Orbilius, den er deshalb *plagosus* («schlagreich») nennt (epist. 2,1,70). Dankbar erinnert er sich dagegen des *Ilias*-Studiums (epist. 2,2,41 f.).

In Athen wendet er sich der Akademie zu und befaßt sich mit Ethik und Erkenntnistheorie (epist. 2,2,43–45). Im Bürgerkrieg schließt er sich Brutus an (c. 3,14,27; epist. 2,2,46–48; sat. 1,7) und kämpft als Militärtribun bei Philippi (sat. 1,6,47). Nach verlorener Schlacht flieht er und stilisiert sich später in literarischer Anspielung auf Archilochos und Alkaios als *Rhípsaspis* (griech. «Schildwegwerfer») (c. 2,7,10). Den Schild wegzuwerfen galt als höchste Feigheit; Horaz münzt es in ein Kompliment an den überlegenen Octavian um. Um seinen Lebensunterhalt zu verdienen, schließt er sich in Rom dem Kollegium der *scribae quaestorii* (Staatsschreiber im Schatzamt) an (sat. 2,6,36–37). Als Vergil und Varius auf Horazens Talent aufmerksam werden, stellen sie ihn im Frühjahr 38 Maecenas vor (sat. 1,6,55), der ihn nach 9 Monaten in seinen Kreis aufnimmt. Horaz erfährt in diesem Zirkel Anerkennung und Anregung, doch ruft seine Mitgliedschaft auch Neid und Verleumdung hervor; er wird gefördert – 32 v. Chr. erhält er von Maecenas ein Gut im Sabinerland (c. 1,17; epist. 1,18,104 f.) – und in Freundschaft eingebunden, gleichzeitig ringt er um Selbstbehauptung und innere Freiheit; er weiß die Nähe zu Octavian, den er bald nach Maecenas kennenlernt, zu schätzen, wahrt jedoch Distanz und pflegt eine zurückhaltende Lebensweise.

Die *Iambi*, wie Horaz sie nannte – die Grammatiker bezeichneten sie als *Epoden* (Gedichte, in denen auf einen langen Vers jeweils ein kürzerer folgt, was bei Horaz auf alle Stücke mit Ausnahme des 17. und zugleich letzten auch zutrifft) –, weisen auf Archilochos von Paros (7. Jh.) zurück. Dessen Art zu dichten in Rom eingeführt zu haben gilt Horaz als Zeichen seiner Originalität und ist ihm noch 20 Jahre später (epist. 1,9,19–25) eine Erwähnung wert. In den *Iambi* stehen politisch-gesellschaftliche Invektiven neben erotisch-sympotischen Themen.

Im Jahr 23 v. Chr. gibt Horaz drei Bücher *carmina* (Oden) heraus, ein viertes entsteht in den Jahren 17–13. Auch damit erhebt er den Anspruch, Neuland zu erobern, indem er erstmals «ein äolisches Lied nach italischer Weise» gesungen (3,30,13–14), d. h. die altgriechische Lyrik (Pindar, Bakchylides, Anakreon, Alkaios, Sappho) im Lateinischen nachgebildet habe.

Carmina 1,1 sowie 3,30 sind Maecenas gewidmet und rahmen die erste Odensammlung. *Carmina* 3,1–6, die sog. «Römeroden», bilden eine Einheit; in ihnen tritt Horaz als Musenpriester auf, der zur Rückbesinnung auf die *exempla maiorum* («Beispiele der Vorfahren») aufruft. Das Versmaß ist die alkäische Strophe. Horaz sieht sich zu dieser Zeit in Einklang mit dem von Augustus propagierten Programm des *rem publicam restituere* («Wiederherstellung der alten Republik») und fordert zur Rückkehr zu alter Römertugend auf. Im Jahr 17 dichtet er für die Säkularfeier das *Carmen Saeculare*, das die Grundlagen des Staates besingt. Neben ernsten Themen enthalten die Oden auch Trinklieder, Liebes- und Freundschaftsgedichte, Gedanken über das rechte Leben (z. B. c. 1,11,8: *carpe diem*). Allenthalben herrschen unangestrengte Kultiviertheit sowie Ausgewogenheit von Form und Inhalt. Alexandrinische Kunst verbindet sich mit urbanem römischen Umgangston, Formstrenge mit Leichtigkeit. Horaz wurde in der neulateinischen Literatur ausgiebig nachgeahmt, in Deutschland etwa von Konrad Celtis Protucius (1459–1508), der seinen deutschen Vornamen nach damaliger Sitte latinisierte und gräzisierte und sich entsprechend als «Vorpickler» (griech. *pró-tykos*) begriff, was ohne Absicht auf das Grobschlächtige seiner Dichtung verweist, oder aber von dem feinsinnigen Jesuiten und Barockpoeten Jakob Balde (1604–1668), der, von dem Venusiner ausgehend, eine elegante Dichtung eigenen Rechts schuf. Auffällig ist indes, daß die Kürze und Klarheit des Vorbildes von keinem Nachahmer mehr erreicht wurde.

d) Epigramm

Das Epigramm als ein prägnantes, mit knappen, meist scharfzüngigen Worten auf eine Pointe hinstrebendes Gedicht wurde in Rom seit jeher geschätzt und dürfte von Gebildeten bei allen möglichen Gelegenheiten als Ausdruck von Schlagfertigkeit und Brillanz eingesetzt worden sein. Zu literarischem Rang gelangte die Form durch Catull, ihre Blüte erreichte sie unter M. VALERIUS MARTIALIS (geb. 38/41 n. Chr. in Bilbilis [Spanien], gest. 102/104 n. Chr. ebenda). Er verbrachte einen Teil seines Lebens (etwa 64–98) in Rom und lebte als Literat in der Abhängigkeit von Freunden und Gönnern, u. a. der Familie Senecas. Er verkehrte mit den führenden Intellektuellen seiner Zeit (Silius Italicus, Frontinus, Quintilian, Plinius d. J., Juvenal). Von Titus und Domitian wurde er mit dem *Ius trium liberorum* («Dreikinderrecht» mit Erlaß der Kinderlosensteuer) ausgestattet. Seine Huldigungen an Domitian dürften sich unter dessen Nachfolger Nerva nachteilig ausgewirkt haben, und er kehrte, nicht ohne leises Unbehagen (10,93), nach Spanien zurück.

   Martial schrieb ausschließlich Epigramme (insgesamt 15 Bücher), in denen er als Moralist und Spötter das Tableau menschlicher Schwächen, Grillen und Absonderlichkeiten geschliffen seziert. Ein Erbe der in Rom seit altersher verwurzelten satirischen Neigung ist noch in den über das Werk verbreiteten Obszönitäten zu spüren. Nicht selten artet seine Kritik in grantige Bösartigkeit aus, zu der wiederum abstoßende Schmeicheleien gegenüber Gönnern oder dem Kaiser in Kontrast stehen. Der *Epigrammáton Liber* (auch: *Liber spectaculorum*, «Buch der Spiele») geht der postumen Gesamtausgabe ohne Zählung voraus und ist zur Einweihung des Colosseums verfaßt (80 n. Chr.); er hat die Zirkusspiele des Kaisers Titus zum Gegenstand. *Xenia* («Gastgeschenke») und *Apophóreta* («Mitzunehmendes») (B. 13–14) sind Begleitverse für Saturnaliengeschenke. Buch 1–12 der Epigramme ist, was Anlaß und Thematik der Gedichte, aber auch die metrische Form angeht, äußerst abwechslungsreich. Scharfe Beobachtungsgabe, geistreiche Pointen, aber auch stillebenartige Beschreibungen verschafften dem Autor schon zu Lebzeiten weite Bekanntheit.

e) Bukolik

In der Hirtendichtung hat vor allem VERGIL (s. S. 17) in Rom Spuren hinterlassen. Seine *Bucolica* (gr. *boúkolos*, «Rinderhirt») bestehen aus zehn hexametrischen Hirtengedichten, die in den Handschriften auch als *Eclogae* bezeichnet werden. Der Wortlaut bezeichnet «ausgewählte» Gedichte einer Sammlung, der Sache nach ist der Begriff auf Hirtengedichte eingegrenzt. Vor-

bilder sind die *Eidýllia* (griech. «kleine Skizzen») des aus Sizi-
lien stammenden griechischen Dichters Theokrit (3. Jh. v. Chr.).
Die Gedichte sind ebenso Ausdruck der Heimatverbundenheit
Vergils wie der Sublimierung der Natur zur geistigen Landschaft
(«Arkadien»); sie haben Petrarca zu seinem allegorischen *Buco-
licum Carmen* angeregt. Am wirkmächtigsten war die 4. Ekloge,
die, im Jahr 40 verfaßt, die Geburt eines Knaben und den
Anbruch eines goldenen Zeitalters verkündet. Sie wurde im
Mittelalter als Präfiguration der Geburt Christi gedeutet (daher «marianische Ecloge») und trug zu Vergils Hochschätzung
bei.

In T. CALPURNIUS SICULUS fand Vergil in der Nero-Zeit
einen Nachfolger im bukolischen Genre. Sieben der elf unter
seinem Namen überlieferten Eklogen sind echt. Nero wird,
wohl dem Ton der Zeit entsprechend, hochgelobt, und in der
Tat berechtigten die ersten fünf Jahre von dessen Herrschaft
(sog. *quinquennium Neronis*) zu gewissen Hoffnungen. Im Vergleich zu Vergil fehlt den Naturbildern des Calpurnius der
‹doppelte Boden›.

f) Fabel

Zu den ‹kleinen Gattungen› in Versform gehört die Fabel,
die eigentlich ein subliterarisches Genre ist und von der antiken
Literaturkritik als solches ignoriert wurde. PHAEDRUS, ein Freigelassener des Augustus oder des Tiberius, veröffentlichte unter
Tiberius, Caligula und Claudius fünf Bücher Fabeln, teils eigener Erfindung, zum größeren Teil nach dem Muster des griechischen Dichters Aesop (6. Jh. v. Chr.). Phaedrus schrieb in
volkstümlichen, zu seiner Zeit schon antiquierten Senaren. Moralisierende und gesellschaftskritische Anspielungen auf Zeit-
ereignisse brachten ihn mit dem mächtigen Prätorianerpräfekten Sejan in Konflikt. Zu Lebzeiten fand Phaedrus kaum Anerkennung. Der aristokratische Seneca nahm ihn ebensowenig
zur Kenntnis (Ad Polybium 8,3) wie der stilstrenge Quintilian
(1,9,2). Phaedrus bezeichnet im Prolog zum dritten Buch als
Aufgabe der Fabel, dem sozial Niederstehenden, der sich nicht
offen äußern dürfe, unter dem Schutz der Tierparabel ein

Sprachrohr zu geben. Mit dem Ernstnehmen der ‹kleinen Leute›
bahnt sich hier ein Zug an, der der paganen Literatur bislang
vollkommen fehlt und erst im christlichen Schrifttum voll zum
Tragen kommt. Seit der Spätantike (Prosaparaphrase eines sog.
‹Romulus›, 5. Jh.) bis in die Neuzeit (La Fontaine, Gellert, Lessing) wird Phaedrus stark rezipiert.

g) Gelegenheitsgedichte

STATIUS (s. S. 26) hat eine Sammlung ausgefeilter und weit in die
romanischen Literaturen hineinwirkender Gelegenheitsgedichte
(*Silvae*, «Wälder» bzw. «Vermischtes») hinterlassen. Es werden
öffentliche und private Anlässe besungen. Sechs Gedichte panegyrischen Charakters richten sich an Domitian, daneben stehen Hochzeits-, Trauer-, Trost- und Geburtstagsgedichte; die
Kunst- und Baubeschreibung (griech. *ekphrasis*) ist bei Statius
erstmals ihrer dienenden Funktion innerhalb der epischen Handlung enthoben und zum Inhalt ganzer Gedichte geworden. Die
kaiserzeitliche Literatur hat insgesamt einen zur grellen Über-
zeichnung neigenden, man könnte sagen: manierierten Zug. Lukan besang nicht nur einen Bürgerkrieg, sondern *bella plus
quam civilia* («mehr als Bürgerkriege», 1,1) und verdeutlichte
diesen Umstand in sieben Versen mittels siebenfacher Umschrei-
bung. Der Rhetor Fronto (de or. 7) erkannte darin ein Symptom
des nicht-attizistischen Stils und bemängelte, die Dichter um-
hüllten einen einzigen Gedanken mit immer neuen Kleidern und
zerrieben ihn häufiger als «duftende Mädchen den Bernstein»
(de or. 5). Diese insistierende, rhetorisch überformte «Zurschau-
stellung» (*ostentatio*, griech. *epídeixis*) hat Statius in den *Silven*
ins Leichte und Heitere übersetzt. Er changiert elegant zwischen
«hyperbolischer», «strotzender» (*tumidum*) und «preziöser»,
«niedlicher» (*lepidum*) Darstellung, «versprüht ‹esprit›» (*ingenium, argute dicere*), neigt zu «Entfesselung» und «Tändelei»
(*lascivia*), stellt «luxuriöse Pracht» (*splendor*) neben «kultivierten Glanz» (*cultus, politura*). Die sorgsame rhetorische Über-
formung kommt dabei in der Tarnung der Beiläufigkeit daher.
Schon der Titel «Wälder» signalisiert (gegenüber dem beschnit-

tenen *nemus*, «Hain») Unordnung und Zufälligkeit. Die hervorstechende Qualität seiner Gedichte liege in der «Anmut des Extemporierten» (*gratia celeritatis*, 1, praef.). Schnelligkeit gilt als positive ästhetische Kategorie, sie zeichnet nach Quintilian (10,7,1) den gewiegten Redner aus. Statius kokettiert damit, indem er sein Talent verschleiert (*dissimilatio artis*); diese Raffinesse ist eine Frucht seiner rhetorischen Ausbildung.

Geschichtsschreibung

Die Entstehung der Geschichtsschreibung in Rom läßt sich einigermaßen präzise auf das Ende des 3. Jahrhunderts v. Chr. datieren. Sie trat damit rund eine Generation nach den Gattungen des Dramas und des Epos ins Leben. Wie diese folgte sie griechischen Vorbildern, entstand jedoch in politischer, um nicht zu sagen: tendenziöser Absicht, hatte gleichsam einen tagespolitischen Zweck. Ihr Archeget ist Q. FABIUS PICTOR, ein Angehöriger der *Gens Fabia*. Er hatte nach der Niederlage von Cannae 216 eine Gesandtschaft zum Delphischen Orakel geführt. In seinen auf griechisch verfaßten «Römischen Taten» (*Rhomaíon Práxeis*) trat er prohannibalischer Propaganda entgegen und nahm auf das Werk seines älteren Zeitgenossen Philinos von Akragas Bezug, der die Schuld am Ersten Punischen Krieg den Römern angelastet hatte. Zudem versuchte er, die Stadt Rom als Teil des hellenistischen Kulturkreises darzustellen und dadurch den impliziten Vorwurf des Barbarentums abzuwehren. Sein Werk umfaßte drei große Abschnitte: Ausführlich wurde die Gründungsgeschichte Roms bis zu den Ständekämpfen in der Mitte des 5. Jahrhunderts behandelt, überblicksartig war die Zwischenzeit bis 264 v. Chr. zusammengefaßt, breit war wiederum die Zeitgeschichte behandelt. Ob diese Art der Dreigliederung ein mündliches Erzählschema widerspiegelt, wie es die Oral-Tradition-Forschung postuliert, ist umstritten.

M. PORCIUS CATO (geb. 234 v. Chr. in Tusculum, gest. 149
v. Chr.) betrieb erstmals römische Geschichtsschreibung in lateinischer Sprache. Er durchlief die übliche Ämterlaufbahn und
stieg 195 als *homo novus* zum Konsul auf. 184 wurde er Zen-
sor; seine Strenge in diesem Amt wurde sprichwörtlich und trug
ihm den Beinamen *Censorius* ein. Mag er auch in die Geschichte
als ein exzentrischer Griechenhasser eingegangen sein – er war
maßgeblich an der Ausweisung der Philosophengesandtschaft
des Jahres 155 beteiligt –, so ist doch unbestritten, daß er die
griechische Literatur seiner Zeit einigermaßen kannte und daß
sein Werk nicht unwesentlich von griechischen Vorgängern
zehrt. Indes, das Wenige, was von ihm erhalten ist, hat ein deutlich archaisches Gepräge. Seinem Schrifttum eignet eine gewisse
Schwere und demonstrative Schmucklosigkeit. Das Geschichtswerk *Origines* («Ursprünge») lehnt sich im Titel an die griechische Gattung der *ktísis* («Gründungssage») an, was allerdings
nur die ersten drei Bücher einlösen (Buch 1: Aeneas-Sage, Riten
bei der Stadtgründung; Buch 2–3: Ursprung der italischen
Städte). Die Bücher 4 bis 7 handeln von römischer Geschichte
vom Ersten Punischen Krieg bis in seine Zeit. Namensnennun-
gen vermeidet Cato, um gleichsam den *populus Romanus* in
den Mittelpunkt zu stellen. Programmatisch distanziert er sich
von den *Annales Maximi*, den «Pontifikalannalen» (fr. 77 Peter). Dabei handelte es sich um Aufzeichnungen, in denen stich-
wortartig wichtige Ereignisse sowie Amtsinhaber verzeichnet
waren, also unkommentierte Chroniken. Eine Vorstellung von
dieser Art des öffentlichen Gedächtnisses gibt Cicero (de or.
2,52) und kritisiert zugleich deren Nüchternheit. Allerdings ge-
nügt auch Cato nicht Ciceros Maßstäben, der Geschichte mit
den Mitteln der Rhetorik dargestellt sehen will. Immerhin darf
Cato für sich den Titel des ‹Archegeten römischer Prosa› bean-
spruchen.

Noch der Sohn des älteren Scipio hatte ein Geschichtswerk
in griechischer Sprache verfaßt (Cic. Brut. 77). Mit den Historikern der Gracchenzeit setzte sich das Lateinische durch. Sie
wählten eine annalistische Anordnung des Stoffs von den Anfängen bis in ihre Zeit, die sie naturgemäß besonders ausführlich

abhandelten. Zu ihnen gehörten L. Cassius Hemina, Cn. Gellius und L. Calpurnius Piso Frugi. Letzterer streute bereits
Reden in sein Werk ein. Cicero (Brut. 106) freilich empfand
auch seinen Stil noch als *exilis* («dürr»).

Die frühe Geschichtsschreibung ist besonders schlecht erhalten; gleichwohl belegen die wenigen Fragmente das Ringen um
Aufgabe und Form der Gattung. Sempronius Asellio, der unter Scipio Kriegstribun vor Numantia gewesen war (134/133),
verfaßte 14 Bücher *Historiae*, die von 146 bis mindestens ins
Jahr 91 reichten. Von ihm ist eine Polemik gegen die Annalisten
erhalten (fr. 1–2 Peter), die nur eine Art «Tagebuch» (*diarium*,
griech. *ephemerís*) zusammengestellt hätten. Er dagegen wolle
«Taten genau darlegen» (*res gestas perscribere*) und vor allem
mitteilen, «in welcher Absicht und mit welcher Vorgehens-
weise» (*quo consilio, quaque ratione*) diese vollbracht worden
seien. Er schließt sich der sogenannten pragmatischen Geschichtsschreibung im Stile des Polybios an, die Erkenntnisse
aus der analytischen Betrachtung der Geschichte gewinnen will.
Dieser Anspruch verbindet ihn mit dem wenig älteren Zeitgenossen C. Fannius und macht ihn zum Wegbereiter von Autoren wie Sisenna und Sallust (s. S. 85). Fannius hatte der Zeitgeschichte, also den Gracchischen Reformen, breiten Raum gegeben und die annalistische Form durch die Einlage von Reden
und szenischen Schilderungen aufgelockert.

Die erste Monographie, von deren Existenz wir sicher wissen,
war eine Abhandlung des Coelius Antipater (geb. um 165
v. Chr., vermutlich plebejischer Abstammung) über den Zweiten
Punischen Krieg. Er betrieb ein intensives Studium der zur Ver-
fügung stehenden Quellen, auch wenn sie romkritisch waren
(fr. 1 Peter), bemühte sich also um eine ausgewogene Darstellung. Cicero (de or. 2,54; leg. 1,6) bescheinigte ihm eine «gewisse Sorgfalt in der künstlerischen Gestaltung, soweit er es
eben bei eingeschränkter Ausbildung und Begabung vermocht
habe» (*sed ut homo neque doctus neque maxime aptus ad di-
cendum, sicut potuit, dolavit*).

Eine schillernde Gestalt schließlich dürfte der Optimat Cornelius Sisenna (geb. 118 v. Chr., gest. 67 v. Chr.) gewesen sein.

Als Offizier interessierte er sich vor allem für Militärisches. Sein Satzbau klingt bisweilen archaisch, er neigt zu eigenwilligen Formulierungen. Die zwölf Bücher umfassenden *Historiae* («Zeitgeschichte») machen ihn zum Chronisten der Jahre 91 bis 79, also der Sulla-Zeit. Sallust ließ seine *Historien* im Jahr 78 beginnen, setzte den Vorgänger somit fort. Im *Iugurtha* (95,2) zollt er dessen Werk ausdrücklich Respekt (*optume et diligentissume omnium*), allerdings mit der Einschränkung, er habe es an Freimut fehlen lassen. Cicero (leg. 1,7) läßt Atticus die Ansicht äußern, Sisenna habe sich an Kleitarch, dem Verfasser einer romanhaften Alexandergeschichte, orientiert. Seiner Darstellung eigne deshalb «etwas Naives» (*puerile quiddam*). Die mimetische oder tragische Art der Geschichtsschreibung zielt vor allem auf Pathoserregung und will den Leser fesseln. Cicero spricht in diesem Zusammenhang von *rhetorice et tragice ornare* (Brut. 43). In den Bruchstücken des Sisenna finden sich etwa eine hochdramatische Brudermordszene (fr. 16 Peter) oder der spannungsgeladene Zweikampf eines schmächtigen Mauretaniers mit einem hünenhaften Gallier (fr. 74 f. Peter). Sisennas Vorliebe für das Novellistische zeigt sich schließlich in der Tatsache, daß er die *Milesiaká* des Aristeides (um 100 v. Chr.) ins Lateinische übertrug. Es handelt sich dabei um amüsante Geschichten mit einer meist anzüglichen, unerhörten Pointe. Mehrere Beispiele haben sich bei Petron (s. S. 98) und Apuleius erhalten. Noch im Jahr 53 v. Chr. wurden Exemplare des Werks im Gepäck der bei Carrhae gefallenen Soldaten gefunden.

Die sogenannten «jüngeren Annalisten» der Sulla-Zeit kombinierten antiquarische Details mit novellistischer Darstellung, betrieben aber wohl keinerlei Quellenstudium. Moralisch belehrende Histörchen überwucherten die Historie. Zu den bekanntesten zählen Claudius Quadrigarius, Valerius Antias und der Optimatenfeind C. Licinius Macer, der vermutlich erst nach Sullas Tod publizierte. Livius hat deren Werke eingearbeitet und dadurch ihren Untergang noch beschleunigt. Macer wurde 66 unter Ciceros Vorsitz in einem Repetundenprozeß angeklagt. Er beging im selben Jahr Selbstmord, vielleicht um einer Verurteilung zuvorzukommen. Ciceros Urteil über ihn als Redner, Politiker und Schriftsteller (Brut. 238) ist von Abneigung geprägt.

C. Sallustius Crispus (geb. 86 v. Chr. vermutlich in Amiternum, gest. 35 v. Chr. in Rom) schlug als *homo novus* ohne patrizische Herkunft die öffentliche Laufbahn ein. 54 wurde er Quästor, 52 Volkstribun. Aus dem Jahr 54 stammt eine (in ihrer Echtheit wohl zu Unrecht angezweifelte) gehässige Invektive gegen Cicero mit dessen Antwort. Gegner der Nobilitätsherrschaft, Anhänger der Popularen und Caesars, wurde er 50 unter dem Vorwand privater Verfehlungen, in Wahrheit aber aus politischen Gründen aus dem Senat ausgestoßen. Caesar rehabilitierte ihn 47. Aus der Bürgerkriegszeit stammen zwei *Briefe an Caesar über den Staat*. Im Jahr 46 wurde Sallust Prätor, anschließend Prokonsul von Afrika. Er bereicherte sich so schamlos, daß er nach seiner Rückkehr die berühmten «Sallustischen Gärten» auf dem Pincio anlegen lassen konnte. Der Freispruch in einem Repetundenprozeß beweist, daß er einflußreiche Freunde besaß. Nach der Ermordung Caesars (44) zog sich Sallust desillusioniert aus der Politik zurück und widmete sich der Schriftstellerei. Das *Bellum Catilinae* stellt die Verschwörung der Catilinarier (63) dar, das *Bellum Iugurthinum* den Krieg gegen den numidischen König Iugurtha (111–105), die trümmerhaft erhaltenen *Historiae* die Geschichte von 78 bis 67. Sallust steht in der Tradition der pragmatischen Historiographie des Thukydides (5./4. Jh. v. Chr.), die Geschichte zu ‹erklären› versucht, dem Leser also einen Erkenntnisgewinn verspricht. Dieses Bestreben verbindet sich mit der Absicht moralischer Belehrung. Historische Details sind Sallust deshalb unwichtiger als tiefere Wahrheiten, Fakten unwichtiger als Motive. Einzelheiten haben keinen Wert an sich, sondern Beweiswert. Die Vergangenheit wird in Rückblicken (z. B. Romexkurs, BC 6–13) als tugendhaftes Ideal der verderbten Gegenwart vor Augen gestellt. Für diese Tendenz dürfte er in Sempronius Asellio einen römischen Vorläufer gehabt haben (Gellius 5,18,8). Dem Stoiker Poseidonios (2./1. Jh. v. Chr.) folgt er in der Datierung des römischen Niedergangs in das Jahr 146 (Zerstörung Karthagos). Während vorher die *virtus* («Tugend») die Begierden im Zaum gehalten habe, sei mit dem Wegfall der gefährlichen Bedrohung durch die Karthager das Schicksal aus den Fugen geraten (*saevire fortuna ac miscere omnia coepit*, «das Schicksal begann zu wüten und alles durcheinanderzubringen», BC 10,1), *lubido dominandi* («Machtgier») habe sich breit gemacht. Sallust sieht folglich nicht strukturelle, sondern moralische Ursachen am Werk.

Sallust ist darauf aus, sein vorgefaßtes, pessimistisches Bild anhand der Geschichte zu belegen; er ist einerseits Geschichtsphilosoph, andererseits Dogmatiker. Er arbeitet bevorzugt mit Charakterisierungen und psychologischen Deutungen; berühmt ist die *sýnkrisis* (griech. «Vergleich») zwischen Caesar und Cato (BC 54). Catos Unbeugsamkeit und Geradlinigkeit zollt er Respekt, läßt aber durchblicken, daß dessen Haltung nicht frei von Selbstgerechtigkeit und Starrsinn ist, daß der Stoiker, dessen Ideal doch die Affektfreiheit sein sollte, in seinem Eintreten gegen die Verschwörer eifert. Caesar erscheint indes als der nüchtern Argumentierende und pragmatisch Abwägende. Sallust beginnt den *Catilina* mit anthropolgischen Überlegungen zur *condicio humana*, die sich auf die «ganze Menschheit» beziehen (*omnes homines*). Mit genau denselben auf Allgemeingültigkeit zielenden Worten läßt er auch Caesar sein Plädoyer gegen die Catilinarier eröffnen (BC 51). Der Autor und seine historische Figur nehmen also für sich einen ‹wissenschaftlichen›, von Parteiinteressen freien Zugang in Anspruch.

T. Livius (geb. 64 oder 59 v. Chr. in Padua, gest. 12 oder 17 n. Chr. in Rom) war im Gegensatz zu früheren Historikern nie politisch oder militärisch tätig. Spätestens 30 v. Chr. zog er nach Rom und verfaßte in Zurückgezogenheit – er bereiste weder Schauplätze noch nahm er Primärquellen in Augenschein – eine Geschichte Roms von den Anfängen – daher der Titel *Ab urbe condita libri* («Bücher von der Gründung Roms») – bis zum Tod des Drusus 9 v. Chr. in 142 Büchern. Davon sind die Bücher 1–10 und 21–45 erhalten. Daneben existieren spätantike Inhaltsangaben (sog. *Periochae*) des Gesamtwerks. Der annalisti-

sche Aufbau ist durch Zusammenfassung der ersten Bücher
in Fünfer-Gruppen (Pentaden) und später in Zehner-Gruppen
(Dekaden), vielleicht sogar Fünfzehner-Gruppen (Pentekaideka-
den) gegliedert. Buch 1 erzählt knapp die Stadtgründung sowie
die Königszeit, 2–5 berichten die Errichtung der Republik und
ihre Geschichte bis zum Galliereinfall (387 v. Chr.), 6–10 die
Ereignisse bis zum 3. Samnitenkrieg (293 v. Chr.). Die Bücher 21–30 sind dem Krieg mit Hannibal, 31–45 der Zeit bis
zum Triumph des L. Aemilius Paullus nach der Schlacht von
Pydna (168 v. Chr.) gewidmet. Hauptquellen sind für die frühe
Zeit die jüngeren Annalisten, für den Zweiten Punischen Krieg
die Monographie des Coelius Antipater, für die Ereignisse im
Osten Polybios. Der Stil schwankt zwischen mimetischer und
moralischer Geschichtsschreibung, verknüpft also das Bestreben, durch dramatisch eindrucksvolle Darstellung zu gefallen
und durch ethische Exempla zu erziehen. So nennt Livius in der
praefatio als Motiv für sein Unternehmen die Freude an der Darstellung (3) und die belehrende Absicht (9). Mythische Geschichten, die die altrömische Tugend illustrieren, eignen sich besonders für beide Ziele, weswegen Livius sie trotz ihres anekdoti-
schen und somit unhistorischen Charakters mit viel Liebe ein-
flicht. Hauptheld des Werks ist der *populus Romanus* in seiner
Gesamtheit, der die republikanischen Ideale der *libertas* («Freiheit») und *concordia ordinum* («Einigkeit der Stände») trotz
Anfechtungen durch äußere Feinde und innere Zwistigkeiten
zu bewahren hat. *Pietas* («pflichtgemäßes Verhalten gegenüber
Göttern und Vorfahren») und *virtus* («Tüchtigkeit und An-
stand») sind die Voraussetzung für ein gedeihendes Staatswesen.
In stoischem Geist sieht Livius in der Geschichte einen sinnvol-
len Plan; dieser erfüllt sich im Aufstieg Roms zur Weltherrschaft.
Historische Details haben daher bei Livius nicht Eigenwert, sondern Beweiswert im Sinne dieser Teleologie. Ein Verfechter der
libera res publica, stand Livius seiner Gegenwart eher skeptisch
gegenüber. Augustus nannte ihn in Anspielung auf den Bürgerkrieg zwischen Caesar und Pompeius ‹Pompeianus›; tatsächlich
dürfte er sich aber nicht als Parteigänger eines der Kontrahenten empfunden haben, sondern als Anhänger der Republik, der

die herausgehobene Stellung einzelner ablehnte. Machiavelli
(15./16. Jh.) projizierte die Spannungen der römischen Frühge-
schichte in seine eigene Zeit und verfaßte die «Discorsi sopra la
prima deca di Tito Livio». In der gleichen Zeit erschien Trissinos
Tragödie «Sofonisba», die ihren Stoff aus dem 30. Buch des Livius bezog. Während der Politiker vor dem Hintergrund des
zeitgenössischen Florenz die Auseinandersetzungen innerhalb
des Stadtstaates mit der Methode des Livius scharfsinnig analy-
sierte, wußte der Dichter die dramatische Kraft des livianischen
Erzählstils zu schätzen.

Ungefähr zur gleichen Zeit wie das livianische Geschichtswerk, aber aus völlig anderer Perspektive entstanden die 44 Bücher der *Historiae Philippicae* des POMPEIUS TROGUS. Es handelt sich um eine Universalgeschichte der alten Welt vor dem
Hintergrund des Aufstiegs des Makedonenreichs und seines
Zerfalls in die Diadochenreiche. Rom wurde nur in einem An-
hang behandelt. Möglicherweise wollte Trogus ein Komplement
zu dem Rom-zentrierten livianischen Geschichtswerk schaffen.
Seine Geschichtsvorstellung von der Abfolge der Weltreiche wi-
derspricht dem teleologischen Denken der augusteischen Epoche. Erhalten ist lediglich ein Auszug des 3. Jahrhunderts von
einem gewissen M. Iunianus Iustinus.

In die literaturarme Zeit der Regentschaft des Tiberius (14–37
n. Chr.) fällt das Werk des VELLEIUS PATERCULUS (geb. um
20/19 v. Chr. in Capua, gest. nach 31 n. Chr.), eines ehemaligen
Offiziers und Bewunderers des Prinzeps. Beatus Rhenanus ent-
deckte 1520 eine Handschrift im Kloster Murbach und war be-
geistert über den ciceronischen Stil des in der Tat sehr rhetorisch
schreibenden Autors. Er nannte das Werk *Historia Romana*.
Der ursprüngliche Titel war *Ad M. Vinicium consulem libri duo*
(«Zwei Bücher an den Konsul M. Vinicius»). M. Vinicius war
ein Freund und militärischer Vorgesetzter des Velleius und Konsul des Jahres 30, in das auch die Veröffentlichung des Werkes
fiel. Es handelt sich um ein der schnellebigen Zeit angepaßtes
Kompendium zur römischen Geschichte – ein Gegenstück zu
dem umfänglichen Œuvre des Livius. Martial (14,190) bemerkt:

«Auf knappe Seiten wird der riesige Livius begrenzt, den meine Bibliothek als Ganzes gar nicht faßt.» Velleius verstand es, griffig und pointiert zu formulieren. Über den Feldherrn und einstigen syrischen Statthalter Varus, der 9 n. Chr. eine verheerende Niederlage im Teutoburger Wald einstecken mußte, bemerkt der selbst im Militärdienst der Provinzen erfahrene ehemalige Militär: *pauper divitem ingressus dives pauperem reliquit*» («Als armer Mann betrat er das reiche Syrien, als reicher Mann verließ er das arme Syrien», 2,117).

Wie seine Vorgänger erklärt auch er Geschichte moralisch. Varus wird als dünkelhaft, selbstverliebt, anfällig für Schmeichelei und geistig unbeweglich geschildert. Seine Vorstellung erfolgt nach dem Schema *genus, ingenium, mores* («Herkunft, Talent, Charakter»). An ihm wird der schlaffe und morsche römische Staat, der seine Widerstandskraft eingebüßt hat, exemplarisch vorgeführt. Die Geißelung der Dekadenz trägt sallustische Züge. Rhetorischer Stil verknüpft sich mit einem Sinn für Pathos und Tragik. Der literarische Anspruch des Cicero-Bewunderers Velleius zeigt sich nicht zuletzt in zahlreichen Exkursen zur Kulturgeschichte (1,16–19) sowie über bedeutende Autoren (Homer: 1,5; Hesiod: 1,7; die römische Literatur bis Sulla: 2,9; bis Augustus: 2,36). Er darf auch als ein Begründer der römischen Literaturgeschichtsschreibung gelten.

TACITUS (geb. um 56 n. Chr. in der Gallia Narbonensis, gest. um 120 n. Chr.) markiert den Höhepunkt der römischen Geschichtsschreibung. Über sein Leben ist wenig Gesichertes bekannt. Er war 81/2 Quästor, 88 Prätor, 97 Konsul und unter Trajan, wohl 112/113, Prokonsul von Asien. Schriftstellerisch wurde er erst nach dem Ende der von ihm als bedrückend empfundenen Herrschaft Domitians (81–96) tätig.

Im Jahr 98 veröffentlichte er die Biographie («Leben und Charakter») seines 93 verstorbenen Schwiegervaters Agricola (*De vita et moribus Iulii Agricolae*); die Schrift ist Lebensbeschreibung, Nachruf und Monographie über die Eroberung Britanniens zugleich. Agricola erscheint als ein vorbildlicher Römer in einer geistig-moralisch heruntergekommenen Zeit. Die wenig später veröffentlichte *Germania* ist die ‹Biographie› eines zwar unzivilisierten und von Lastern nicht freien, aber auch unverdorbenen Barbarenvolkes, das sich Tugenden wie Schlichtheit, Tapferkeit und vor allem freiheitliche Gesinnung, die einst Rom groß gemacht haben, bewahrt hat und darum zu einem gefährlichen Gegner heranwächst. Germanische Götter und Institutionen werden durch die ‹Brille› des Römers beschrieben (*interpretatio Romana*). Bewunderung und Schauder für die Germanen und andere Barbaren mischten sich bereits bei Lukan (s. S. 21): *libertas ultra Tigrim Rhenumque recessit* («die Freiheit hat sich hinter Rhein und Tigris zurückgezogen, 7,433). Tacitus zeichnet bei der Schilderung ethnographischer Details das changierende Bild eines freien selbstbewußten Volkes mit einem Einschlag zum Asozialen. Achtung des Gastrechts und Sittenstrenge stehen Alkoholismus und Aggressivität gegenüber; beim Mahl hat jeder seinen eigenen Tisch, was ebenso Kennzeichen der Freiheit wie mangelnder Verbindlichkeit ist (22,1–24). Die Schrift wurde in der Neuzeit zu nationalen Auseinandersetzungen mißbraucht: Papst Pius II. (15. Jh.) zog aus ihr Argumente im Streit mit deutschen Bischöfen, seit Wimpfeling und Hutten (16. Jh.) berief man sich auf deutscher Seite positiv auf sie, unrühmliche Popularität genoß sie im Nationalsozialismus.

Tacitus' lückenhaft erhaltene Hauptwerke, die *Annales* (16 B.) und die früher entstandenen *Historiae* (14 B.), stellen die römische Geschichte vom Tode des Augustus (14 n. Chr.) bis zur Ermordung Domitians (96 n. Chr.) dar. Erhalten sind *Annalen* 1–6 (mit Lücken) über Tiberius, die sechs Bücher über Caligula und Claudius sind vollständig verloren, von den vermutlich sechs Nero-Büchern sind vier (ann. 13–16) erhalten. Der überlieferte Teil der *Historien* schildert die Zeit vom 1. Januar 69 bis zum Bataveraufstand des Jahres 70. Das beherrschende Thema ist die Beurteilung des Prinzipats, den der Historiker, weil er der Freiheit zuwiderläuft, ablehnen muß. Als Vertreter politischer Geschichtsschreibung steht Tacitus in der Tradition des Sallust (s. S. 85). Wie dieser arbeitet er mit psychologischen Charakterisierungen. Der pragmatische Zugriff entstammt letztlich der thukydideischen Geschichtsschreibung, der moralische Blick verdankt sich der römischen Tradition. Die Vorliebe für *sententiae* teilt Tacitus ebenso mit Sallust wie den Hang zu Archaismen. Es gelingt ihm, über eine moralische Beurteilung hinaus auch strukturelle Ursachen offenzulegen. Scharfsichtige Analyse verbindet er mit pathetischer Ausdrucksform und hohem künstlerischen Anspruch.

Das die *Annalen* gleichsam überwölbende Motto, *sine ira et studio* («ohne persönlichen Haß und Parteilichkeit», ann. 1,1), wurde zum geflügelten Wort. Eigentlich drückt Tacitus damit aus, daß er es nicht nötig hat, den verstorbenen Prinzeps zu schmähen (*ira*), um dem Nachfolger zu schmeicheln (*studium*). Adulation und Abscheu waren offenbar Kennzeichen der kaiserzeitlichen Geschichtsschreibung. Beider entschlägt er sich. Unvoreingenommen ist er jedoch nicht. Tacitus sah, wie Lichtenberg (Sudelbücher, Heft E 181, 18. Jh.) bemerkte, «in jeder Handlung bis auf den Teufel hinunter». Das geradezu unheimliche Mißtrauen gegenüber Machthabern, seine Weigerung, diesen irgendein gutes Motiv zu unterstellen, ist vermutlich eine den Erfahrungen der Tyrannei Domitians geschuldete ‹déformation professionnelle›.

Der Aufbau der *Annalen* könnte, bei aller gebotenen Vorsicht angesichts der lückenhaften Überlieferung, hexadisch sein; zumindest die Bücher 1 bis 6 (Herrschaft des Tiberius) lassen diesen Befund zu, wobei die Anordnung mit einer Peripetie in der Mitte der Tragödie nachempfunden ist. Mit 4,1 setzt in einer sallustisch klingenden Formulierung der Wechsel des Glücks ein. So wie in Sallusts Augen die Römer durch den Feind Karthago diszipliniert wurden (*remoto metu Punico simultates exercere vacuum fuit*, «nachdem man sich von der Angst vor Karthago befreit hatte, gab es Raum für innere Zwistigkeiten», hist. 1,12), so hielten Tiberius am Beginn seiner Herrschaft dessen eigenbrötlerisches Wesen und äußerer Zwang im Zaum. Je mehr er sich davon befreite und zu sich selbst fand, desto deutlicher trat sein wahrer Charakter hervor (*remoto pudore et metu suo tantum ingenio utebatur*, «von Scham und Furcht befreit, folgte er nur noch seinem Naturell», 6,51,3). Die Ähnlichkeit der Formulierung läßt vermuten, daß Tacitus den Gang der römischen Geschichte sich in der Individualgeschichte des Prinzeps wiederholen sah. Eduard Norden empfand das Werk als «eine Reihe gewaltiger Tragödien, komponiert mit der Kunst des größten Dichters und in monumentaler Sprache».

In Stil und Geist fand Tacitus einen Nachahmer in dem spätantiken Historiker AMMIANUS MARCELLINUS (geb. um 330 n. Chr., wahrscheinlich in Antiochia, gest. nach 395 n. Chr. in Rom). Er schrieb in Fortsetzung der *Historien* des Tacitus 31 Bücher *Res gestae*, die in chronologischer Ordnung nach Art der Annalistik die Zeit von Nerva bis Valens (96 n. Chr.–378 n. Chr.) behandelten. Erhalten sind nur die Bücher 14 bis 31. Packende Berichte eigener Erlebnisse, desillusionierende Charakterzeichnungen, hyperbolische Sprache, gestenhafte Bilder und kalte Distanziertheit zeichnen das Werk aus. Umfassende Exkurse zeugen von der Bildung des Verfassers.

C. SUETONIUS TRANQUILLUS (geb. um 70 n. Chr., gest. um 140 n. Chr.) ist ein Biograph, der ebenfalls über die Prinzipatszeit schreibt. Er liefert gewissermaßen das dramatisch-mimetische Gegenstück zu dem politisch-pragmatischen Werk des Tacitus. Er war Prinzenerzieher und Bibliothekar am Hofe Trajans, Hadrian machte ihn zu seinem «Privatsekretär» (*ab epistulis*). Aus seinem Werk sind die Biographien der ersten zwölf Kaiser erhalten (*De vita Caesarum*). Diese haben jeweils einen chronologischen Rahmen, in dem das Leben bis zum Herrschaftsantritt (Familie, Geburtsort, Jugend) bzw. das Lebensende (meist mit Erwähnung der ‹letzten Worte›) erzählt werden. Der Mittelteil stellt Einzelereignisse sowie Charakterzüge und Gewohnheiten der Personen dar. Suetons Vorliebe für Anekdotisches und Skandalöses tritt stets hervor. Eine Geschichtsdeutung fehlt. Er versteht es, zahlreiche Fakten mit hohem Unterhaltungswert zu verbinden. Aus einer Sammlung *De viris illustribus* («Von berühmten Männern»), die Viten von Grammatikern, Dichtern, Rednern und Historikern enthielt, sind ca. die Hälfte der Grammatiker/Rhetoren-Abteilung sowie die Lebensbeschreibungen von Terenz, Vergil, Horaz, Juvenal, Persius, Lukan und dem älteren Plinius überliefert. Diese wurden

von spätantiken Philologen bisweilen Textausgaben vorange-
stellt.

Aus der Hadrianzeit ist schließlich der Name des FLORUS im
Zusammenhang mit Geschichtsschreibung bekannt. Es ist jedoch ungeklärt, ob das unter diesem Namen überlieferte Œuvre das eines einzigen Autors ist: 1. P. Annius Florus ist der Verfasser einer Schrift *Vergilius orator an poeta* («Vergil, Dichter
oder Redner»); er weist sich im Proöm als aus Afrika stammend
und in Tarraco (Spanien) lebend aus. 2. Aus stilistischen Gründen kann er identisch sein mit dem (aus dem *Codex Bamber-
gensis Iulius*) unter dem Namen L. Annaeus Florus bekannten
Autor einer wohl als Schulbuch konzipierten Darstellung der
römischen Geschichte, die meist nach ihrer Hauptquelle als *Epi-
tome de Tito Livio* («Auszug aus Titus Livius») bezeichnet wird.
Darin wird die römische Geschichte den Abschnitten des
menschlichen Lebens gleichgesetzt. Florus stellt wie Livius das
römische Volk und dessen *virtus* («Tugend») in den Mittelpunkt. 3. Florus heißt schließlich der Korrespondent Hadrians
und Verfasser von Anakreonteen. Auf diesen Briefwechsel
nimmt Goethe in der 15. Römischen Elegie scherzhaft Bezug.

C. IULIUS CAESAR (geb. 13. Juli 100 v. Chr., ermordet 15. März
44 v. Chr.) hat vor allem als Politiker und Feldherr Spuren hinterlassen. Schon seinen Zeitgenossen galt er als ein Tatmensch,
der mit dem Schicksal im Bunde zu sein schien. Er hatte erkannt,
daß das Römische Reich mit den Mitteln des Stadtstaates nicht
mehr zu regieren war – Livius (praef. 4) wird später diagnosti-
zieren, das Reich sei so gewachsen, «daß es an seiner Größe
krankt», *ut laboret magnitudine sua*. Deshalb setzte er sich
skrupellos über Herkommen und Normen hinweg und baute
seine Machtbasis aus. Dazu diente ihm zum einen das sogenannte ‹Triumvirat›, das er während seines Konsulatsjahres (59
v. Chr.) schloß. In diesem Dreierpakt zwischen Pompeius, Crassus und ihm selbst verpflichteten sich die Beteiligten, künftig
einvernehmlich politisch zu agieren. Im Anschluß an das Konsulat sicherte sich Caesar gegen alle Usancen die Statthalter-

schaft in Gallien, während deren er einen Krieg vom Zaun brach und sich durch militärische Erfolge Ruhm und ähnlich wie sein Konkurrent und Vorbild Pompeius eine gewichtige ‹Hausmacht› verschaffte. Im Jahr 49 überwarf er sich mit dem Senat, und es kam zum Bürgerkrieg, den er in nahezu allen Teilen des Römischen Reiches führte. Neben seinen militärischen Leistungen fiel Caesar auch durch eine glänzende rhetorische und literarische Bildung auf. Wie Cicero hatte er bei Apollonios Molon auf Rhodos Redeunterricht genossen, und wie dieser hatte er seine ersten Meriten in Reptundenprozessen erworben. Sueton (Iul. 56) erwähnt literarische Versuche (*Laudes Herculis* [«Lob des Herkules»] und eine Tragödie *Oedipus*, deren Publikation der Adoptivsohn Augustus untersagte) und berichtet von der Abfassung einer linguistischen Arbeit *De analogia* («Über die Regelmäßigkeit») während des Alpenübergangs des Jahres 54. Diese Cicero gewidmete Schrift dürfte in der Tradition der hellenistischen Grammatik ein Plädoyer für größte Regelmäßigkeit bei Flexion und Wortbildung gewesen sein. Erhalten sind unter Caesars Namen die Berichte über seine Kriege, acht Bücher *De bello Gallico*, drei Bücher *De bello civili* sowie die jeweils ein Buch umfassenden Berichte *Bellum Alexandrinum*, *Bellum Africum*, *Bellum Hispaniense*. Von Caesar selbst stammen die ersten sieben Bücher von *De bello Gallico* sowie das *Bellum Civile*. Buch 8 des *Gallischen Krieges* wurde von Aulus Hirtius, einem General Caesars, verfaßt. Generale dürften auch die Verfasser der übrigen Kriegstagebücher gewesen sein.

Es handelt sich bei ihnen nicht um Geschichtsschreibung im engeren Sinn, sondern, wie der Titel ausweist, um *Commentarii*. Der meist im Plural verwendete Begriff ist von dem Verb *comminisci* («sich etwas ins Gedächtnis zurückrufen») abgeleitet und bedeutet grundsätzlich «Gedächtnishilfe». Dies können private Notizen wie Redenentwürfe, Grammatikeraufzeichnungen für den Unterricht, Protokolle aller Art sein. Seit Ciceros Zeit werden auch die Amtsbücher der Magistrate (etwa *commentarii consulares*) und verschiedener Priesterkollegien, in der Kaiserzeit Erlasse und Aufzeichnungen über die Tätigkeit des Prinzeps (z. B. *commentarii principis*) so benannt. Ursprünglich nur zur Entlastung des Gedächtnisses benutzt, wurden Ende der Republik die Amtsbücher in Archiven aufbewahrt. Caesar hat diese im Griechischen als *hypómnema* firmierende Gattung, der eigentlich etwas Vorläufiges und Skizzenhaftes eignet, zur künstlerischen Vollendung geführt und zum eigenständigen Genos entwickelt, was schon Cicero im *Brutus* (262) zu würdigen weiß. In der Literatur finden sich *commentarii* teils als Erläuterungsschriften (Varros *Eisagogé* [«Einführung» in das Admiralshandwerk] für Pompeius; Q. Ciceros *Commentariolum petitionis* [Handbuch zur Bewerbung um politische Ämter]), teils als autobiographische Berichte und Darstellungen eigener Taten.

Caesar stapelt also gehörig tief, wenn er seinen Bericht unter der Überschrift *commentarii* vorlegt. Es gelingt ihm, eine gänzlich subjektive Sicht der Ereignisse im Ton distanzierter Sachlichkeit vorzutragen. Dazu verhilft nicht zuletzt der Umstand, daß er von sich in der dritten Person spricht. Er besticht durch Klarheit und Eleganz und vor allem durch eine vollkommene Ausgewogenheit zwischen Inhalt und Form. Der Attizist und Purist meidet seltene Wörter, gar Fremdwörter, und bedient sich einer durchsichtigen, schnörkellosen, ganz dem Inhalt unterworfenen Satzstruktur.

Der andere große Stilist der Zeit, Cicero, stand Caesar zeit seines Lebens politisch fern. Der Stil seiner Reden ist gegenüber demjenigen Caesars blumiger, von asianischem Einschlag durchsetzt. Bei allen Differenzen schätzten sie sich als ‹hommes de lettres› gegenseitig. Caesar war nach seinem Sieg im Bürgerkrieg sehr um den einstigen Gegner bemüht: Bald umwarb er ihn mit Ehrerbietung (Cic. Att. 9,6a), bald drohte er kaum verhohlen (Cic. Att. 10,8b). Doch obwohl beide nur sechs Lebensjahre trennten, gehörten sie doch geistig unterschiedlichen Epochen an, wobei Caesar als Literat, Cicero als Politiker den konservativeren Part übernahm.

Roman

Der sog. ‹Roman› ist eine amorphe Gattung, die mit einem anachronistischen Namen belegt wird. Im Frankreich des 12. Jh. waren Romane längere Vers- oder Prosaerzählungen, die nicht auf Latein, sondern in einer ‹romanischen› Sprache, also in Volkssprache, vorlagen. Die Tatsache der Volkstümlichkeit rechtfertigt vielleicht am ehesten die Übertragung des Gattungsnamens auf das antike Genre. Die antike Kritik schweigt sich über den Roman aus, vermutlich weil ihm die Dignität fehlte, um überhaupt als Literatur anerkannt zu werden. Es gebrach ihm an stilistischer Qualität, an Alter – die ersten griechischen Romane entstanden wohl um die Zeitenwende –, am Rang seines Gegenstandes und an der Einbettung in einen bestimmten öffentlichen Kontext. Romane waren als Leseliteratur konzipiert, also nicht für den Vortrag gedacht.

Gewisse gemeinsame Strukturmerkmale zeichnen die erhaltenen griechischen Liebesromane aus: Im Zentrum der Handlung steht die Geschichte eines Liebespaares von vornehmer Herkunft und besonderer Schönheit, mit dessen Heirat oder dem Versprechen ewiger Liebe die Erzählung beginnt. Äußere Schönheit ist Sinnbild inneren Wertes. Mit dem glücklichen Beginn und Aufeinandertreffen der Liebenden kontrastiert die anschließende Odyssee von Leiden und Gefahren, denen beide ausgesetzt sind. Zwar gibt es einen historischen Hintergrund, doch bleiben die Erlebnisse im Privaten und Allgemeinen. Persönliches Schicksal ist zugleich exemplarisch für das menschliche Schicksal schlechthin. Symbol der Gefährdung ist einerseits das Reisen, andererseits die Tatsache, daß Herkunft, Stand und Privilegien in der Fremde nichts mehr gelten. Es werden Personen vorgeführt, die in existenzialistischer Weise auf sich selbst gestellt sind. Die Protagonisten erleiden sogar Scheintode; sie durchziehen gleichsam die ‹Hölle›, jedoch nicht, um die Fährnisse mit Bravour und heldenmütig zu bestehen, sondern um ihre Leidensfähigkeit zu zeigen. Gemäß der Gattungskonvention kommt am Ende die Rettung durch die *agathè týche* («gerechtes Schicksal»), welche Treue und Standhaftigkeit belohnt. Die Gottheit erscheint als Behüterin in einer feindseligen Welt. Sie schaut auf das Innere der Helden, individuelle Werte wie Treue, Freundschaft, Liebe erweisen sich als zentral, der Glaube an Institutionen oder Staaten ist gebrochen. Die im Roman zum Ausdruck kommende individualisierte Heilserwartung zeigt eine gewisse Nähe zu den zeitgenössischen Mysterienreligionen.

Einem recht umfänglichen Bestand an griechischen Romanen stehen in der römischen Literatur nur drei Exemplare gegenüber: das Romanfragment Petrons, welches deutlich parodistische Züge trägt, der *Eselsroman* des Apuleius und die *Alexandergeschichte* des Curtius Rufus, die sich ebenso gut unter den Stichworten ‹Biographie› oder ‹Geschichtsschreibung› abhandeln ließe.

C. oder T. Petronius Arbiter (gest. 66 n. Chr. in Kampanien) war ein hoher Beamter (Statthalter in Bithynien und Konsul) und gehörte zu Neros Vertrauten. Als *elegantiae arbiter* («Schiedsrichter des guten Geschmacks») genoß er hohe Autorität am Hof. Durch Intrigen seines Rivalen Tigellinus fiel er in Ungnade und wurde zum Selbstmord getrieben. Tacitus (ann. 16,18–19) skizziert ihn als pflichtbewußt, geistreich, kultivierten Vergnügungen zugetan und gelassen angesichts des Todes. Man vermutet hinter ihm den Verfasser des ersten bekannten lateinischen Romans, der *Satyricá* (*Satyricon libri*), die nur zu vielleicht einem Zehntel ihres ursprünglichen Umfangs überliefert sind. Aufgrund der Mischung von Prosa und Vers formal eine Menippeische Satire, parodieren die *Satyricá* die griechischen Reiseromane, in denen Liebende entzweit und wieder zusammengeführt werden. Bei Petron sind dies Encolpius und Giton, ein junger Mann und ein schöner Knabe, die, durch die Rache des Gottes Priap getrennt, einige teils schlüpfrige Abenteuer durchlaufen. Eingelegt sind vier ‹Milesische› Novellen. Dabei handelt es sich um anekdotische Erzählungen erotischen

Inhalts mit überraschender Schlußpointe. Die Gattung geht auf Aristeides von Milet zurück, Sisenna (s. S. 84) hat sie nach Rom gebracht. Zu ihnen zählen *Der Ephebe von Pergamon* (85–87), *Die Witwe von Ephesos* (111 f.), *Die Matrone von Croton* (140), *Die Nymphomanin Circe* (126–139). Zahlreiche literarische Anspielungen auf die und Zitate aus der lateinischen Literatur zeigen das feine Sensorium des Autors für den Literaturbetrieb. Der etwas heruntergekommene Dichter Eumolp, den Enkolp in einer Pinakothek getroffen hatte, verfaßt während einer Seefahrt (115) ein historisches Epos, das Lukans *Bellum Civile* stilistisch ‹nachäfft› (119–124). Die signifikanteste Änderung gegenüber Lukan ist die Einführung eines Götterapparates, den dieser demonstrativ unterschlagen hatte. Allerdings wollte Petron wohl weniger den Zeitgenossen kritisieren, als die landläufige Kritik an ihm verspotten. Eumolp beruft sich auf Homer, Vergil und Horaz, beansprucht mithin, wie diese zu dichten, und bildet sich ein, dies zu erreichen, indem er den Götterapparat wie ein Requisit einem in hypertrophem, ‹barocken› Stil geschriebenen Stück hinzufügt. Den Stilunterschied zu Homer bzw. den ‹klassischen› augusteischen Autoren scheint er gar nicht zu bemerken. Er glaubt an die schlichte Gleichung, ‹Lukan plus Götterapparat ist gleich Vergil›, blamiert sich mithin durch das Auseinanderklaffen von Anspruch und Wirklichkeit.

Diese Technik der Selbstentlarvung wird im Kernstück des Romans zur Blüte getrieben: Die *Cena Trimalchionis* («Gastmahl des Trimalchio», 27–78) ist nur durch eine einzige Handschrift (jetzt in Paris) überliefert. Geschildert ist das Gelage einer Gesellschaft von Parvenüs, deren protziger Reichtum in krassem Gegensatz zu ihrem pöbelhaften Betragen steht. Ihre Gespräche richten sich durch ihr Lautwerden, sie selbst prunken mit Halbbildung und kennen als einzigen Maßstab das Geld. Ein jeder wird danach gewogen, welche Stufe des Reichtums er erklommen hat. Gehörte zu einer typischen Begrüßungsszene im Heldenepos die Frage nach Abkunft und Vorfahren, verkommt in diesem Kreis das Interesse am Nächsten zum scheelsüchtigen Blick auf dessen Finanzkarriere. Die Diskussionsrunde der *Cena* erweist sich als materialistisches Gegenstück zu Platons *Sympo-*

sion. Die vulgäre Veranstaltung hat darüber hinaus etwas Zeit- und Ortloses, insofern das Fest weder Anfang noch Ende zu kennen, sich statt dessen in stumpfer Wiederholung zu ergehen scheint. Das *Cave canem* am Eingang weckt Assoziationen zu dem Höllenhund Zerberus, Todessymbole wie Zypressen säumen die Szenerie, das Luxusdasein mit seinem grenzenlosen Überfluß durchweht ein Hauch von Jenseits. Die Teilnehmer werden Zeugen einer skurrilen Katabasis («Abstieg in die Unterwelt»).

Die *Satyricá* abschließend zu beurteilen ist aufgrund ihres fragmentarischen Zustandes unmöglich; in jedem Fall sind sie das satirische Porträt einer Klasse, glanzvolle Literaturparodie und durch vulgärsprachliche Passagen Zeugnis des gesprochenen Lateins.

Apuleius (geb. um 125 n. Chr. in Madaura [Nordafrika], gest. spätestens um 170 n. Chr.) arbeitete nach einem Studienaufenthalt in Athen und weiten Reisen vermutlich einige Zeit als Anwalt in Rom und lebte später wieder in Afrika. Dort wurde 158 ein Prozeß gegen ihn angestrengt, der mit Freispruch endete. Die Klage behauptete, er habe seine Frau Aemilia Pudentilla, eine Witwe, die weit älter war als er, durch Zauberei an sich gezogen. Die Verteidigungsrede (*Apologia* oder *Pro se de magia*) ist ein Glanzstück nachklassischer Rhetorik. Ferner hat sich eine Auswahl von 23 Stücken aus seinen Reden (*Florida*, «Blütenlese») erhalten. Sein phantastischer Roman trägt den Titel *Metamorphoseon libri XI.* Er erzählt die Erlebnisse des in einen Esel verwandelten Lucius und schließlich dessen Erlösung und Einweihung in die Isis-Mysterien. Derselbe Gegenstand ist bei Lukian, *Loúkios e Ónos* (griech. «Lukios oder Der Esel»), dargestellt. In Apuleius' Roman ist das Märchen von *Amor und Psyche* eingelegt (4,28–6,24) sowie vier Ehebrechergeschichten im Stil der Milesischen Novelle (2,21–30; 9,5–7; 9,17–21; 9,22–31). Grob läßt sich der Roman in drei Teile gliedern. Buch 1–3: Lucius wird vor seiner Neugier gewarnt und schließlich durch eine tragische Verwechslung in einen Esel verwandelt, Buch 4–10: Er durchleidet seine Bestrafung in Tiergestalt,

Buch 11: Erlösung und Rückverwandlung durch die Hilfe der
Göttin Isis. Der Weg des Lucius zu sich selbst läßt sich als narra-
tive Ausgestaltung des Seelenmythos aus dem platonischen
Phaidros lesen. Danach ist die Seele als Begleiterin eines Gottes
frei von Leiden. Vergißt sie jedoch die Tugend, verliert sie ihre
Flügel, sinkt zur Erde und wird in Erinnerung an die göttliche
Schönheit von wahnsinnigem Verlangen nach Rückkehr be-
stimmt, nimmt für dieses Ziel sogar Sklavendienste auf sich.
Auf den *Phaidros* («der Strahlende») soll vielleicht sogar der
Name Lucius (vgl. lat. *lux*, «Licht») anspielen.

   Apuleius verstand sich als Platoniker, sein Platonismus trägt
jedoch Züge einer Geheimlehre. Überliefert sind u. a. die philosophischen Schriften *De deo Socratis* («Über den Gott des Sokrates»), *De Platone et eius dogmate* («Über Platon und seine
Lehre») sowie die in das peripatetische Umfeld gehörende Abhandlung *De mundo* («Über die Welt»).

CURTIUS RUFUS, dessen Biographie im Dunkeln liegt – manches
spricht dafür, ihn in die Flavierzeit zu datieren –, schrieb eine
romanhafte *Alexandergeschichte* (*Historiae Alexandri Magni
Macedonis*) in zehn Büchern, von denen die Bücher drei bis acht
erhalten sind. Quellen waren die Alexander-Autoren Ptolemai-
os und Kleitarch sowie die Historiker Timagenes und (wahrscheinlich) Pompeius Trogus (s. S. 88). Die griechisch-orienta-
lische Welt ist im Sinne der *interpretatio Romana* in römischer
Färbung dargestellt. Der Stil ähnelt bisweilen dem Senecas,
Komposition und Erzähltechnik erinnern an Livius. Offenbar
ist die Geschichte in zwei Pentaden angelegt. Psychologisierende
Deutungen zeichnen das Werk aus; moralisierende Sentenzen
sowie ein allgemeines Interesse am Alexanderstoff empfahlen es
als Schullektüre. Alexander war schon in der Antike eine umstrittene Figur. Nach der Niederwerfung Griechenlands durch
Rom bot sich der Welteroberer als antirömische Identifikations-
figur an. Seneca sah ihn als Inbegriff der Maßlosigkeit und von
Affekten getrieben (const.sap. 6,8; de ira 2,2,6). Curtius beur-
teilt ihn gar nicht moralisch, sondern schreibt eine spannende
Abenteuergeschichte. Er weiß sich den Methoden der tragischen

Geschichtsschreibung verpflichtet. Der aus den Romanen bekannte *týche*-Glaube zeigt sich auch bei ihm, allerdings mit einer stoischen Einfärbung. Das Werk bricht nicht etwa mit dem Tod Alexanders in Babylon ab, sondern gibt einen Ausblick auf die Diadochenreiche. Diesen verbindet der Autor mit einer zeitgenössischen Parallele und einer Warnung: *absit modo invidia* («möge nur der Neid fernbleiben», 10,9,6) mit Blick auf künftiges Wohlergehen der Römer. Offenbar will er die Exemplarität der Ereignisse herausstreichen. Das Werk wurde in Mittelalter und Renaissance breit rezipiert.

Brief

Der Brief ist ein Mittel der Kommunikation mit Abwesenden, sowohl im privaten wie im öffentlichen Bereich. Er hat die zweifache Aufgabe der Vermittlung von Information und der Pflege persönlicher Beziehungen. Erst durch die Veröffentlichung wird der Brief zur Literatur; dies gilt sowohl für Schreiben, die ursprünglich nur für den Adressaten gedacht waren – so etwa das umfangreiche Corpus der Cicero-Briefe – als auch für Kunstbriefe oder ‹Episteln›, die zwar die Briefform wahren, aber auf einen größeren Leserkreis berechnet sind. Die Unterscheidung zwischen den beiden Typen ist freilich nicht immer möglich, die Grenzen sind fließend. Plinius war der erste, der seine geschliffenen Briefe in Buchform herausbrachte; es handelt sich um echte Briefe, die aber nach allen Regeln der rhetorischen Kunst im Hinblick auf eine Publikation ausgearbeitet sind. Dieselbe Doppelfunktion erfüllen auch ‹Lehrbriefe›, wie sie etwa Epikur an seine Anhänger schrieb. In diese Tradition stellt sich auch der Stoiker Seneca mit seinen *Epistulae morales ad Lucilium*. Schließlich gibt es fingierte Briefe, die entweder in historische Werke eingelegt sind oder aber im Stile der Ethopoiie historischen oder mythischen Personen in den Mund gelegt werden, wobei der Schreiber bemüht ist, sich so gut wie möglich in die

Lage des fiktiven Absenders hineinzuversetzen. Das brillanteste Beispiel dafür bieten Ovids *Heroides* (s. S. 71). Briefe können also in Prosa oder in Versen vorliegen. Ihr einziges konstitutives Merkmal ist die Anrede an den Empfänger sowie in der Regel eine Grußformel am Schluß; der Briefpartner ist so anzusprechen, als wäre er gegenwärtig, der Brief ist mithin als die Hälfte eines Dialogs zu denken.

Das früheste Briefdokument aus römischer Zeit stammt von einer Frau, von Cornelia, der Mutter der Gracchen. Die Existenz einer Sammlung ihrer Briefe bezeugen Cicero (Brut. 211) und Quintilian (1,1,6). In den Fragmenten des Cornelius Nepos hat sich ein kürzeres und ein längeres Stück daraus, jeweils an den Sohn Gaius adressiert, erhalten. Sie bestechen durch ihre ungeschminkte, klare Eindringlichkeit, bisweilen gar Schärfe und ihren autoritativen Gestus.

Das breiteste Briefcorpus hat CICERO hinterlassen. Dank seinen Selbstzeugnissen gehört er zu den wenigen Römern klassischer Zeit, über die sich eine Biographie schreiben läßt. Sein umfangreicher, teils von seinem Privatsekretär Tiro, teils von der Nachwelt herausgegebener Briefwechsel (*Ad familiares*: «An unterschiedliche Bekannte», 16 Bücher, darunter 90 Briefe anderer an Cicero; *Ad Atticum*: an Ciceros engen Freund, 16 Bücher; *Ad Quintum fratrem*: «An den Bruder Quintus», 3 Bücher; Korrespondenz mit dem Caesarmörder Brutus: 26 Briefe, darunter neun von der Hand des Brutus) ist eine kostbare Quelle, die tiefe Einblicke in das politische Leben der ausgehenden Republik und die Gedanken eines der Hauptakteure der Zeit erlauben. Gerade in den Briefen an Atticus legt Cicero sein Innerstes offen, der glänzende Stilist und souveräne Anwalt tritt dem Leser in schwieriger Zeit als Zaudernder und um Entscheidungen Ringender entgegen; in Schicksalsschlägen fällt es ihm schwer, die Würde zu wahren, im Erfolg ist er nicht frei von Eitelkeit, immer jedoch gilt seine ganze Hingabe mehr als der eigenen Person dem Staat. Petrarca (14. Jh.) war nach Entdeckung der Briefe seines glühend verehrten Vorbildes anfänglich enttäuscht und ‹antwortete› Cicero in das Jenseits. An schroffen und nicht selten überheblichen Urteilen ließ es die Nachwelt nicht fehlen.

Epistulae, «Briefe» nannte auch HORAZ (s. S. 75) die Werke seiner letzten Schaffensperiode. Es handelt sich um zwei Bücher
hexametrische Versepisteln, deren erstes 20 Stücke umfaßt und
zwischen den Jahren 23 und 20 v. Chr. entstanden ist. Das
zweite Buch besteht aus zwei längeren Briefen über Literatur an
Augustus und an den Dichterkollegen Florus sowie der *Ars Poetica* («Dichtkunst»), dem Brief an die Pisonen. Diese drei Literaturbriefe lassen sich nicht datieren, gehören aber sicher in die
allerletzten Lebensjahre des Dichters. Die Episteln nähern sich
nach der ‹hohen› Odendichtung wieder den ‹niederen› Satiren
an. Alte Themen leben auf, werden ohne Schärfe, aber mit Be-
stimmtheit vorgetragen. *Epistel* 1,7, an Maecenas, Horazens
Gönner, gerichtet, bekräftigt bei aller Dankbarkeit den Anspruch auf Ungebundenheit. Der Brief an Tibull (1,4) bezeugt
das enge persönliche Verhältnis der beiden und charakterisiert
zugleich indirekt Tibulls Wesen und Dichtung. Die beiden Briefe
des zweiten Epistelbuchs sowie die *Ars Poetica* kritisieren den
Literaturbetrieb, wenden sich gegen Dilettantismus und geben
Zeugnis von Horazens eigenem Ideal einer Dichtung nach alexandrinischem Muster. Dabei spart Horaz nicht mit Tadel an der
älteren römischen Literatur, der es am *labor limae* («Mühe des
Feilens») gefehlt habe. Bemerkenswert ist Horazens Freimut in
der an Augustus gerichteten *Epistel* 2,1. Er spricht den Adressaten als Gleichwertigen an und kritisiert unbefangen dessen Lite-
raturgeschmack: In Rom gälten nur die toten Dichter etwas,
statt Qualität bewundere man das Alter (2,1,49). Diese klaren
Worte bezeugen Horazens unbeirrbaren Anspruch und seine
stets gewahrte Unabhängigkeit, auch vor den Thronen der
Mächtigen. Der *Pisonen-Brief* ist eine Poetik im scheinbar bei-
läufigen Plauderton, deren äußere Gestalt die Formstrenge ihres
Inhalts überspielt. Im ersten Teil (1–294) handelt Horaz vom
poema, wobei besonders auf dessen «sprachliche Form» (*facun-
dia*, 45–118) und «klaren Aufbau» (*lucidus ordo*, 119–152)
Wert gelegt wird, im zweiten (295–476) vom *poeta* und der hohen Selbstdisziplin und umfassenden Bildung, die dieser sich ab-
zuverlangen hat. Er scheint in dieser Anordnung Neoptolemos
von Parion (3. Jh. v. Chr.) zu folgen. Ein deutliches Schwerge-

wicht liegt auf den Erfordernissen des Dramas (153–274), weil
Horaz vor allem in dieser Gattung das literarische Rom trotz
vorhandener Begabung nicht auf der Höhe der Griechen sah:
*nam spirat tragicum, satis et feliciter audet; / sed turpem putat
inscite metuitque lituram* («der Römer verspürt den Hauch des
Tragischen und wagt hinreichend glückliche Versuche, doch tö-
richterweise scheut er das Feilen und hält es für verwerflich»,
2,1,166 f.). Sein Vermächtnis in den Literaturbriefen ist es,
junge Dichter dazu anzuregen, das in anderen Gattungen zu leisten, was er selbst für die Odendichtung vorgelegt hatte.

C. PLINIUS CAECILIUS SECUNDUS d. Jüngere (geb. 61/62 n. Chr.
in Como, gest. 112/113 n. Chr.) erlebte im Alter von 18 Jahren
den Vesuvausbruch (79), bei dem sein Onkel und Adoptivvater,
der ältere Plinius, den Tod fand (vgl. 6,16 und 6,20). Plinius'
glanzvolle Karriere führte bis zum Suffektkonsulat, bei dessen
Antritt er eine in überarbeiteter Form erhaltene Dankesrede,
verbunden mit einem Herrscherlob, den *Panegyricus* («Lob-
rede»), hielt. Darin wird Trajan als idealer Herrscher gepriesen,
auf die Ära Domitians fallen dunkle Schatten. Im Jahr 111
wurde Plinius als kaiserlicher Legat nach Bithynien entsandt.
Seinen literarischen Ruhm begründeten Literaturbriefe, neun
Bücher Privatbriefe verschiedenartiger Thematik sowie ein
Buch, das den (teils offiziellen, teils offiziösen) Briefwechsel mit
Trajan enthält. Plinius tritt uns als Anwalt, Villenbesitzer, Literat und kultivierter Weltmann entgegen; er ist ein Meister des
stilisierten Kunstbriefes, der subtilen Form, der geschliffenen
Diktion, aber auch der ausladenden Ekphrasis («Kunstbeschreibung») und des autobiographischen ‹Essays›. Mit Tacitus
(s. S. 89) verband ihn ein enges persönliches und literarisches
Verhältnis. Beide galten als glänzende Redner, und Plinius rühmt
sich einmal, mit jenem verwechselt worden zu sein (9,23,3).
Sein Epistelwerk wirft ein Licht auf die Gebildeten innerhalb
der Gesellschaft der Trajanzeit. Die Korrespondenz mit dem
Prinzeps über die Behandlung der Christen (10,96; 97) gehört
zu den nicht allzu häufigen Dokumenten über das frühe Christentum aus nichtchristlicher Sicht.

Rhetorik und Philosophie

Die Beredsamkeit war für ein republikanisches Gemeinwesen, in dem sich ein großer Teil der Bürger an politischen Entscheidungen beteiligt, von höchster Bedeutung. Im 2. Jahrhundert v. Chr., besonders nach dem Sieg über Hannibal, öffneten sich die Römer zunehmend griechischer Literatur, Philosophie und Wissenschaft. Griechische Redelehrer, die in die Metropole der aufstrebenden Weltmacht strömten, fanden unter den Zöglingen der Aristokratie einen einträglichen Markt, nachdem sich die Erkenntnis durchgesetzt hatte, wie nützlich rhetorische Fertigkeiten in politischen Auseinandersetzungen sein können. Der Unterricht fand freilich in griechischer Sprache statt. Das Griechische war ohnehin ein dem Lateinischen nahezu gleichberechtigtes Verständigungsmittel in der Oberschicht. Erst in Ciceros Jugend begannen sich lateinisch sprechende Redner niederzulassen. In Griechenland hatte sich die Rhetorik gleichsam in Auseinandersetzung mit der Philosophie herausgebildet und zu einem ausgefeilten System entwickelt. Während diese nach der Wahrheit sucht, argumentiert jene mit Wahrscheinlichkeit. Setzt diese auf Erkenntnis, kommt es jener auf den Augenblickssieg an. Eine Maxime sophistischer Redner lautete: *ton hétto lógon kreítto poieín*, «die schwächere Sache zur stärkeren machen» (Protagoras A 21 = B 6, vgl. Plat. Phaedr. 267a; Cic. Brut. 30). Solcherart Lehren galten im wenig weltläufigen, dem Herkommen stark verpflichteten Rom des 2. Jahrhunderts v. Chr. als zersetzend. Sie stellten geradezu das Gegenteil des Mottos dar, das dem älteren Cato zugeschrieben wird: *rem tene, verba sequentur*, «halte dich an die Sache, die Worte stellen sich dann schon ein», bei Iulius Victor, ars rhet. 197). Es verwundert daher nicht, daß ein Senatsbeschluß des Jahres 161 v. Chr. ergehen konnte, es liege im Interesse des Staates, Philosophen und Rhetoren aus Rom zu entfernen. Mißbilligung finden darin beson-

ders die *Rhetores Latini*, die sich *praeter consuetudinem ac mo-
rem maiorum* («gegen Gewohnheit und Vätersitte») etabliert
hätten und die Jugend verdürben (Suet. de gramm. et rhet. 25,1).
Allerdings konnte sich das aufklärungs-, bildungs- und überhaupt griechenfeindliche Ressentiment eines älteren Cato (vgl.
Plin. nat.hist. 29,14) nicht durchsetzen; zu groß waren der Nutzen und der Reiz, der von den neuen Lehren ausging. Die *rudis
ac bellicosa civitas* («unkultivierte und kriegerische Bürgerschaft», Suet. de gramm. et rhet. 1,1) unterwarf sich bereitwillig
dem kulturellen Einfluß der Griechen (Hor. epist. 2,1,156). Der
Zeitgenosse Porcius Licinus dichtete: *Poenico bello secundo
Musa pinnato gradu / intulit se bellicosam in Romuli gentem
feram*, «im Zweiten Punischen Krieg zog die Muse geflügelten
Schritts bei dem kriegerischen und ungeschlachten Volk des Romulus ein» (Gell. 17,21,45). Tonangebend wurden Aristokraten
wie der jüngere Scipio (ca. 185–129 v. Chr.), der Kontakt zu
Dichtern wie Terenz und Lucilius hielt, sich im Jahr 167 Polybios anschloß – letzterer schildert die erste Begegnung ausführlich im 22. Buch der Historien (9,2–15,12) – und über Panaitios
Zugang zur stoischen Philosophie fand. Cicero stilisiert ihn in
verschiedenen Werken zum Ideal des gebildeten, charakterfe-
sten Staatsmanns. Laelius, der ebenfalls zum Umkreis Scipios
gehörte, soll wie dieser ein glänzender Redner gewesen sein, der,
vielleicht aufgrund seiner stoischen Observanz, nicht für die af-
fektgeladene, pathetische, sondern für die sorgfältig gegliederte,
elegante Diktion stand (Cic. Brut. 83–86).

Tiberius (162–133 v. Chr.) und Gaius Sempronius Gracchus
(153–121 v. Chr.) wurden vor allem als Sozialreformer bekannt.
Nach dem Zeugnis Ciceros (Brut. 103; de or. 3,214; vgl. Gell.
10,3,2) waren beide begabte und leidenschaftliche Redner, die
der Empörung über den Hochmut ihrer aristokratischen Stan-
desgenossen beredten Ausdruck verliehen. In der Generation
nach den Gracchen ragten in der Redekunst M. Antonius (143–
87 v. Chr.) und L. Licinius Crassus (140–91 v. Chr.) hervor.
Beide treten in Ciceros Schrift *De oratore* als Hauptunterredner
auf.

Der Höhepunkt der lateinischen Rhetorik verbindet sich mit
dem Namen M. TULLIUS CICERO (geb. 3.1.106 v. Chr. in Arpi-
num, am 7.12.43 v. Chr. bei Caieta ermordet). Er ist zugleich
der eigentliche Schöpfer einer Kunstprosa in lateinischer Sprache und hat damit die gesamte abendländische Latinität geprägt. Cicero entstammte dem römischen Ritterstand und kam
früh mit griechischer Bildung und durch den der Familie nahestehenden Philosophen Diodotus wohl auch mit stoischer Ethik
in Kontakt. Seine höhere Ausbildung erhielt er zunächst in Rom
bei dem Grammatiker L. Aelius Stilo, den Juristen Q. Mucius
Scaevola Augur und dem gleichnamigen Pontifex, dem erfolg-
reichen Redner L. Licinius Crassus sowie dem Rhetoriklehrer
Apollonios Molon aus Rhodos, der in Rom unterrichtete. Philosophisch verdankte Cicero viel dem Akademiker Philon von
Larissa, der, wie später Cicero selbst, die Rhetorik als Teil der
Philosophie ansah; dem Skeptizismus der jüngeren Akademie
blieb Cicero ein Leben lang treu.

Seine frühen römischen Jahre waren gekennzeichnet von den
Grausamkeiten des Bürgerkriegs zwischen Marius und Sulla,
die nach dem Sieg des letzteren (82) in ein Schreckensregiment
mit blutigen Proskriptionen mündeten. So ist es ein Zeichen besonderer Unerschrockenheit, daß der junge Anwalt im Jahr 80
mit der Verteidigung des Sextus Roscius aus Ameria gegen einen
mächtigen Günstling Sullas in die Schranken trat. Dieser, ein ge-
wisser Chrysogonus, war darauf aus, Sextus Roscius vermittels
einer falschen Anklage wegen Vatermordes seines Erbes zu be-
rauben. Cicero verstand es mit Geschick, Sulla als ‹Retter des
Staates› von seinen Paladinen zu trennen. Der Prozess endet mit
dem Freispruch des Angeklagten, und Cicero war mit einem
Schlage ein berühmter Mann.

In den Jahren 79–77 unternahm er zur Verbesserung seiner
Redetechnik eine Studienreise nach Griechenland und Klein-
asien. Er hörte den Stoiker Poseidonios und den Eklektiker Antiochos von Askalon. 75 wurde er Quästor in Sizilien und emp-
fahl sich der Bevölkerung durch seine korrekte Amtsführung als
Patron. 70 vertrat er in einem Repetundenprozeß die Sache der
Sizilier gegen Verres, der die Insel 73–71 als Proprätor schamlos

ausgeplündert hatte. Cicero sicherte sich zunächst in einer «Voranklagerede» (*Divinatio in Q. Caecilium*) gegen einen von Verres' Anhängern vorgeschobenen Advokaten die Bestellung zum öffentlichen Ankläger. Unter der Last der von Cicero in der «ersten Verhandlung» (*Actio prima*) vorgebrachten Beweise entschloß sich Verres, es auf einen Fortgang des Prozesses gar nicht ankommen zu lassen und der sicheren Verurteilung durch das Exil zu entgehen. Sein Anwalt, der berühmte Q. Hortensius, verzichtete auf eine formelle Verteidigung. Cicero war damit zum ersten Redner Roms avanciert. Die fünf Reden der sog. *Actio secunda* mußte er nicht mehr halten, legte sie jedoch ausgearbeitet der Öffentlichkeit vor. 69 bekleidete er das Amt des Ädilen, die dankbaren Sizilier erleichterten die Beschaffung von Getreide; 66 war er Prätor, 63 Konsul; alle Ämter erlangte er *suo anno*, d. h. frühestmöglich. Als *homo novus*, einer, der nicht zur Senatsaristokratie gehört, hatte er den Aufstieg geschafft.

Das Konsulat wurde zum Höhe- und Wendepunkt in seinem Leben. Er deckte den Putschversuch des Catilina auf und erwirkte einen «Notstandsbeschluß des Senats» (*senatus consultum ultimum*), aufgrund dessen er die Verschwörer hinrichten ließ. Als Retter des Gemeinwesens erhielt er den Titel *pater patriae* («Vater des Vaterlandes»). Die berühmtesten Konsulatsreden sind die vier gegen Catilina («*Quousque tandem ...*»), die nachträglich veröffentlicht wurden. Was Cicero als seine größte Leistung ansah, wurde ihm 58 zum Verhängnis: Sein persönlicher Feind, der populare Politiker P. Clodius Pulcher, brachte ein auf Cicero berechnetes rückwirkendes Gesetz ein, daß geächtet sein solle, wer einen römischen Bürger ohne Verurteilung und ohne die Möglichkeit zur «Berufung an das Volk» (*provocatio ad populum*) getötet habe. Von keiner Seite unterstützt, ging Cicero verbittert ins Exil nach Dyrrhachium (heute Albanien). 57 erreichten Freunde seine Rückberufung, die zum Triumph wurde. Fortan pries Cicero seine eigenen Leistungen unablässig, *non sine causa, sed sine fine* («nicht ohne Grund, aber ohne Ende»), wie Seneca (brev. 5,1) treffend bemerkt. Er verfaßte sogar einen griechischen Rechenschaftsbericht und legte, da er keinen Dichter fand, der ihn verherrlichen wollte, selbst zwei epische Gedichte «über seine Zeit» (*De temporibus suis*) und «sein Konsulat» (*De consulatu suo*) vor. In letzterem findet sich der vielverspottete Vers: *o fortunatam natam me consule Romam* («O du unter meinem Konsulat glücklich wiedergeborenes Rom!»). Bereits in seiner Jugend versuchte sich Cicero in der Dichtung, u. a. mit einem (verlorenen) Epos über den aus seiner Heimat stammenden Marius, einer Nachdichtung der *Phainómena* («Himmelserscheinungen») des hellenistischen Gelehrten-Dichters Arat (4./3. Jh. v. Chr.) und sogar mit (verlorenen) neoterischen Epyllien, einer Art Dichtung, der er später sehr reserviert gegenüberstehen wird. Seit dem Jahr 60 war der römische Staat von den Triumvirn Caesar, Pompeius und Crassus beherrscht. Vor diesem Hintergrund muß Ciceros Œuvre dieser Zeit gesehen werden. In der Rede *Pro Sestio* (56) ruft er die *Optimaten* («Gutgesinnten») zur gemeinsamen Mitwirkung am Staat auf (*consensus omnium bonorum*, «Übereinstimmung aller Rechtschaffenen»); zugleich entwickelt er den Gedanken des *otium cum dignitate* («Muße in Würde»). Cicero leidet an dem ihm von den Verhältnissen aufgezwungenen Mangel an öffentlicher Betätigung. Sein Trachten gilt der freien *res publica*. Deren Idealbild entwirft er in den Jahren 54–51 in sechs Büchern *De re publica* («Über den Staat»), die bruchstückhaft bei dem Neuplatoniker Macrobius (um 400 n. Chr.) und in einem von Angelo Mai entdeckten, 1822 herausgegebenen vatikanischen Palimpsest erhalten sind; es handelt sich um ein platonischem Vorbild verpflichtetes, fiktives Gespräch führender Männer aus dem sog. ‹Scipionenkreis› (s. S. 53; 106) im Jahr 129. Am Ende steht das *Somnium Scipionis* («Traum Scipios»), eine dem Mythos des Er aus Platons *Staat* nachempfundene Jenseitsschau. An Platon angelehnt ist auch das nach 52 entstandene unvollständig erhaltene Werk *De legibus* («Über die Gesetze») in drei Büchern. Dem idealen Redner widmet sich Cicero in dem 55 verfaßten, drei Bücher umfassenden Dialog *De oratore* («Vom Redner»). Die wichtigsten Gesprächsteilnehmer sind Ciceros Lehrer Crassus und Antonius, einer der gefeiertsten Redner aus Ciceros Jugendzeit; Hintergrund ist das Jahr 91. Teilweise greift Cicero darin auf seine zwei Bücher umfassende

Jugendschrift *De inventione* («Von der Stoffindung»), geschrieben 81–80, zurück. Nur widerwillig verließ Cicero 51 Rom, um ein längst überfälliges Prokonsulatsjahr in Kilikien anzutreten. Er errang militärische Erfolge bei kleineren Unruhen durch die Parther. Dafür wurde ihm ein «Dankfest» (*supplicatio*) zugestanden, der erhoffte Triumph blieb ihm indes verwehrt.

Im Jahr 49 überschritt Caesar den Rubicon, es herrschte Bürgerkrieg. Über die beiden Kontrahenten Caesar und Pompeius urteilte Cicero illusionslos. Nach langem Schwanken schlug er sich auf Pompeius' Seite, die Partei des Verlierers, wurde jedoch später vom Sieger begnadigt. Im Jahr 46 entstanden die rhetorischen Schriften *Brutus* (Geschichte der römischen Beredsamkeit), *Orator* (Wesen und Aufgaben des Redners, ähnlich in der kleinen Schrift *De optimo genere oratorum*, «Von der besten Art des Redners»), *Paradoxa Stoicorum* (Gemeinplätze der Populärphilosophie, die insofern als «paradox» betrachtet wurden, als sie der landläufigen Meinung entgegenstanden) und eine (fragmentarisch erhaltene) Preisschrift auf M. Porcius Cato, der aus Protest gegen Caesars Sieg Selbstmord begangen hatte. Caesar verstand die politische Dimension und antwortete mit einem Pamphlet *Anticatones* (zwei Reden «gegen Cato»). In drei sog. ‹caesarischen› Reden dankt Cicero Caesar für die Begnadigung ehemaliger Pompeianer (*Pro Marcello*, 46) oder tritt für sie ein (*Pro Ligario*, mit Erfolg, 45, *Pro rege Deiotaro*, ohne Erfolg, 45). Er appelliert dabei an Caesars Großmut und versucht, den Diktator gleichsam auf «Milde» (*clementia*) als Ersatz für die freiheitliche Verfassung zu ‹verpflichten›, die *clementia* somit zu institutionalisieren und der Willkür des Diktators zu entziehen. Der Versuch mußte letztlich scheitern. Die Rede für König Deiotarus läßt die bedrückende Atmosphäre erahnen, die dort herrscht, wo der Diktator in eigener Sache zu Gericht sitzt, Sklaven gegen ihre Herren aussagen dürfen und prozessuale Normen nichts mehr gelten. Das Herrschaftsinstrument der kalkuliert eingesetzten ‹Milde› war nichts als Willkür; es entwürdigte selbst die Begnadigten.

Ciceros letzte Lebensjahre brachten neben dem Gefühl politischen Scheiterns auch persönliches Unglück: 46 ließ er sich von

Terentia scheiden und heiratete sein Mündel, die sehr viel jüngere Publilia. Die Ehe hatte nur kurz Bestand. Besonders hart traf ihn der Tod der geliebten Tochter Tullia (45). Er spendete sich selbst in einer *Consolatio* («Trostschrift») Trost. Intensive Mühe widmete Cicero dem ehrgeizigen Vorhaben, die griechische Philosophie in lateinischer Sprache darzustellen; darin, Vorbehalte gegen das Philosophieren auf Latein ausgeräumt und die Sprache dafür ausgebildet zu haben, liegt seine Pionierleistung; darin, die Inhalte römischem Denken gefügig gemacht zu haben, seine Originalität. Es entstanden in hastiger Abfolge *Hortensius* (Aufforderung zur Philosophie, nur wenige Fragmente erhalten), *Academici libri* («Bücher über akademische Philosophie», zum Erkenntnisproblem), *De finibus bonorum et malorum* («Über die Grenzen des Guten und Bösen», fünf Bücher zur Frage, wonach der Mensch als dem höchsten Gut streben soll), *Tusculanae Disputationes* («Gespräche in Tusculum» [dort besaß Cicero ein Landhaus], fünf Bücher zu Fragen der Ethik im Lichte der maßgeblichen hellenistischen Philosophenschulen), *De natura deorum* («Vom Wesen der Götter», drei Bücher), *De divinatione* («Über Mantik», zwei Bücher; Cicero war selbst Augur; in Fortsetzung ist *De fato* [«Über das Schicksal»] zu sehen), *De officiis* («Über pflichtgemäßes Handeln», drei Bücher nach der Pflichtenlehre des Stoikers Panaitios, die jedoch gemäß Ciceros Interesse und mit Blick auf den eigenen Sohn Marcus, dem das Werk gewidmet ist, zu einer Art Karrierehandbuch für Politiker umgearbeitet ist; es ist die einzige philosophische Schrift, die nicht in Dialogform, sondern als Lehrvortrag im aristotelischen Stil vorliegt), *Cato maior de senectute* («Über das Alter»), *Laelius de amicitia* («Über die Freundschaft»).

Nach der Ermordung Caesars an den Iden des März 44 schöpfte Cicero noch einmal Hoffnung auf eine Rückkehr zum Freistaat. Gegen den Caesar-‹Erben› Antonius gerichtete Invektiven – Cicero nannte sie selbstbewußt *Philippicae*, in Anlehnung an die Reden des Demosthenes gegen Philipp von Makedonien – verfechten noch einmal das republikanische Credo ihres Autors, jedoch vergeblich. Die Caesar-Mörder gehen unter, mit ihnen Cicero. Auf der Flucht wurde er ermordet, die Häscher des

Antonius schlugen ihm Kopf und Hände ab und stellten die schrecklichen Spolien ausgerechnet auf den *Rostra*, der Rednertribüne auf dem Forum, aus. Insgesamt beläuft sich die Zahl der erhaltenen Reden, sowohl zivilrechtlicher als auch strafrechtlicher als auch politischer Natur, auf 54. Doch hat Cicero nicht nur reichlich praktisches Anschauungsmaterial hinterlassen, sondern auch für die Redetheorie Maßgebliches geleistet.

Die beiden ältesten Rhetorik-Lehrbücher in lateinischer Sprache sind der zu Unrecht unter Ciceros Namen überlieferte *Auctor ad Herennium*, benannt nach dem Widmungsträger, und Ciceros *De inventione* («Von der Stofffindung»). Die erste Schrift dürfte im Umkreis der *Rhetores latini* entstanden sein und ist ein zupackendes Lehrbuch für die Praxis, dessen Formalismus in der Aufspaltung und Differenzierung über- und untergeordneter Sachgruppen allerdings mitunter ermüdend wirkt. Das oberste Einteilungsprinzip richtet sich nach den *officia oratoris*, den «Aufgaben des Redners». Sie tauchen auch in späteren Handbüchern immer wieder auf und umfassen im wesentlichen die folgenden Punkte: *inventio* (griech. *heúresis*, «Stofffindung»), *dispositio* (griech. *táxis*, «Stoffgliederung»), *elocutio* (griech. *léxis*, «stilistische Gestaltung»), *memoria* (griech. *mnéme*, «Auswendiglernen») und *actio/pronuntiatio* (griech. *hypókrisis*, «Vortrag»). Ciceros *De inventione* ist unvollendet geblieben und beschränkt sich auf das erste *officium* des Redners. Im ersten Buch werden Grundbegriffe geklärt und die kanonischen Redeteile behandelt, die mehr oder weniger jeder Redner abzuarbeiten hat: *exordium* (griech. *prooímion*, «Einleitung»), *narratio* (griech. *dihégesis*, «Erzählung» des Sachverhalts), *propositio* mit *partitio/divisio* (griech. *próthesis*, «Gliederung», bisweilen erweitert durch eine *egressio* oder griech. *parékbasis*, «Exkurs»), *confirmatio/probatio/argumentatio* (griech. *písteis*, «Beweisführung[en]»), *refutatio/confutatio* (griech. *lýsis*, «Widerlegung des Gegners»), *peroratio/conclusio* (griech. *epílogos*, «Schluß»). Das zweite Buch führt in die *Stasis*- oder *Status*-Lehre ein. So bezeichnet man den ‹Stand›, den ein Anwalt gegenüber einer Prozeßsache einnimmt, also die Frage, ob er die Tat für seinen Angeklagten gänzlich abstreitet, ob er die Tat zwar einräumt, aber anders als der Kläger bewertet (etwa als fahrlässige Tötung statt als heimtückischen Mord), ob er die Zuständigkeit des Gerichts anficht oder ob er schließlich eine Straftat unter den gegebenen Umständen als lobenswert klassifiziert. Die letztgenannte Strategie kam begreiflicherweise selten zur Anwendung; Cicero verlegt sich einmal, und auch nur am Rande, auf sie, nämlich in der Rede *Pro Milone*, wo er die diesem zur Last gelegte Tötung des P. Clodius Pulcher als nützlich für das Gemeinwesen erachtet.

In seinem Meisterwerk *De oratore* («Vom Redner», 55 v. Chr.) greift Cicero manches aus der Frühschrift wieder auf. Im zweiten und dritten Buch wird das rhetorische System umfassend dargelegt. Doch kommt sein Hauptanliegen in einem ausführlichen Exkurs zur Sprache (3,54–143). Cicero entwirft darin das Idealbild des *orator perfectus*, in dem er Redekunst und philosophische Bildung glücklich vereint sieht; ihm schwebt eine ganzheitliche und umfassende Erziehung des Redners vor. Cicero versucht nichts weniger, als das Auseinandertreten von Philosophie und Rhetorik, das die skeptische, am Wahrscheinlichen sich orientierende, nur auf Überredung zielende Grundhaltung der Sophisten bewirkt hatte, rückgängig zu machen und das Zerwürfnis zwischen Überzeugungskunst und Wahrheit zu heilen. *De oratore* ist gleichsam das ‹Gründungsdokument› des europäischen *humanitas*-Gedankens. In den Augen Ciceros handelt es sich um eine philosophische Schrift mit technischen Anweisungen.

Mit dem Niedergang der Republik verfiel auch die Redekunst. Dieser Umstand wird im *Dialogus de oratoribus* («Dialog über die Redner») des TACITUS (s. S. 89) beklagt. Diese an Ciceros *De oratore* erinnernde Schrift (wohl um 102 n. Chr. entstanden) gibt ein fiktives Gespräch aus der Jugendzeit des Tacitus im Haus des Redners und Tragödiendichters Curiatius Maternus wieder. Der Niedergang der Beredsamkeit wird als Folge des Verlustes republikanischer Freiheit gedeutet. Diese habe man dem Frieden opfern müssen. Maternus sei deshalb vom Redner zum Dichter geworden. In dieser Figur dürfte sich Tacitus selbst spiegeln, der ebenfalls vom Politiker zum Literaten wurde.

Die Rhetorik zog sich vom Forum in die Klassenzimmer zurück. Von einem Mittel der Auseinandersetzung wurde sie zu einem Gegenstand der Pädagogik. Ihr Ziel war nicht mehr die Überzeugung, sondern die Selbstdarstellung. Gerichts- und Volksrede traten zugunsten der Festrede in den Hintergrund. Seneca, Tacitus und Plinius, die glänzende Redner waren, haben sich Ruhm als Literaten erworben; die rhetorische Ausbildung hat in ihren Werken tiefe Spuren hinterlassen. Senecas philosophische Schriften hätten ohne ihre anschauliche Form wohl kaum die Ausstrahlung gehabt, die ihnen bis heute eignet. In ihm ist Ciceros Anliegen der Beendigung des *discidium linguae atque cordis, absurdum sane et inutile et reprehendendum,* («das freilich absurde, unnütze und tadelnswerte Auseinandertreten von Zunge und Verstand», de or. 3,61) Wirklichkeit geworden.

L. ANNAEUS SENECA (geb. um Christi Geburt in Corduba [Spanien], gest. 65 n. Chr. in Rom) entstammte einer bildungsbeflissenen, wohlhabenden Ritterfamilie. Sein Vater war ein angesehener Redner gleichen Namens. In Rom durchlief er den von ihm ungeliebten (epist. 58,5) Unterricht beim *grammaticus,* studierte aber mit Begeisterung Rhetorik und Philosophie. Seine Lehrer waren der Neupythagoreer Sotion, der Stoiker Attalos sowie Papirius Fabianus, der ihn mit der Lehre der Sextier bekannt machte (epist. 108,17–23; vgl. 100,1) und sein Interesse für Naturwissenschaften weckte. Eine Erkrankung der Atemwege, die ihn fast in den Selbstmord getrieben hätte (epist. 78,2), zwang ihn zu einem Kuraufenthalt bei seiner Tante in Ägypten (30/31), wo erste (verlorene) geo- und ethnographische Schriften entstanden. Nach seiner Rückkehr wurde er Quästor. Durch rhetorische Brillanz erregte er den Neid des Kaisers Caligula, der ihn wohl hätte ermorden lassen, wäre er nicht von einer Favoritin an seinem Hof darauf hingewiesen worden, daß das kränkliche Genie ohnehin bald sterben werde (epist. 49,2; Cass. Dio 59,19). Unter Claudius wurde Seneca Opfer von Hofintrigen und mußte wegen einer angeblichen Affäre mit Iulia Livilla, der Schwester Caligulas, von 41–49 in die Verbannung nach Korsika (Cass. Dio 60,8).

Agrippina, die Mutter Neros, erwirkte seine Rückberufung und bestellte ihn zum Erzieher ihres Sohnes. An Claudius rächte Seneca sich nach dessen Tod (54) mit der menippeischen Satire *Divi Claudii Apocolocyntosis* («Verkürbissung des Kaisers Claudius», s. S. 58). Nach Neros Thronbesteigung (54) lenkte er für gut fünf Jahre zusammen mit dem Stadtpräfekten Burrus im Hintergrund die Geschicke des Reichs. Die Schrift *De clementia* (um 56) zeugt von seinem Versuch, Nero auf «Milde» festzulegen. Die Begründung der *clementia* als überpersönliches Prinzip ist jedoch theoretisch ebenso gescheitert – die Schrift blieb unvollendet – wie praktisch: Nero entzog sich dem Rat seines Mentors immer mehr. Schon 55 hatte er seinen Stiefbruder Britannicus (Sohn des Claudius und der Messalina) ermorden lassen, 59 seine eigene Mutter. Seneca wurde durch seinen Schützling vor der Öffentlichkeit kompromittiert. Die Institutionalisierung der Milde gelang ihm ebensowenig wie knapp 100 Jahre früher Cicero in den ‹caesarischen› Reden (s. S. 110). 62 zog sich Seneca aus der Politik zurück und widmete sich der Schriftstellerei. 65 wurde er der Mitwisserschaft an der Pisonischen Verschwörung geziehen und von Nero zum Selbstmord gezwungen. Den Tod nahm er gelassen hin und starb so theatralisch, wie er gelebt hatte. Seine Sterbeszene inszenierte er nach dem Vorbild des Sokrates oder jedenfalls in philosophischer Manier, wie Tacitus bekundet (ann. 15,62).

Von Seneca sind philosophische Schriften (*Dialogi*), Tragödien (s. S. 44), Briefe und naturwissenschaftliche Schriften erhalten. Das Œuvre ist vor dem Hintergrund der Zeit zu sehen, einige Schriften sind als Reaktion auf äußere Anlässe entstanden, alle haben im weitesten Sinne eine philosphische Botschaft. *Ad Marciam de consolatione* («Trostschrift an Marcia») steht in der Tradition der antiken Konsolationsliteratur und sollte der Adressatin über den Tod des Sohnes hinweghelfen; gleichzeitig bezieht Seneca darin Position gegen den Prätorianerpräfekten Sejan, unter dessen Herrschaft Marcias Vater, der Historiker Cremutius Cordus, zu Tode gekommen war. Offenbar verband Seneca das erklärte Ziel der Trauerbewältigung mit einem persönlichen Bekenntnis. *Ad Helviam matrem de consolatione*

(«Trostschrift an die Mutter Helvia») ist zugleich Selbsttröstung über das Verbannungsschicksal, *Ad Polybium de consolatione* («Trostschrift an Polybius», einen Hofbeamten) ein verhülltes Plädoyer in eigener Sache, um die Rückberufung aus dem Exil zu erwirken. In *De vita beata* («Vom glücklichen Leben») reagierte Seneca auf den sog. Suillius-Prozeß: Sein Reichtum, der einem Philosophen nicht zieme, hatte Neider und Denunzianten wie Suillius auf den Plan gerufen. Seneca legt dar, daß man Reichtum besitzen, sich aber nicht innerlich, ‹im Geiste› davon abhängig machen dürfe, *non in animum illas* (sc. *divitias*), *sed in domum recipere* («den Reichtum nicht ins Herz, sondern ins Haus aufnehmen», 21,4). *De brevitate vitae* («Über die Kürze des Lebens») ist neben einer glänzenden Analyse über den Umgang mit der Zeit wahrscheinlich die Empfehlung an den Adressaten Paulinus, einen vielleicht erzwungenen Rückzug aus seinem Amt als persönlichen Vorteil zu erkennen. Die Abhandlung *De ira* («Über den Zorn») in drei Büchern gleitet über Passagen hinweg in eine eifernde Invektive gegen Caligula ab. Im systematischen Teil sucht Seneca vom stoischen Standpunkt aus die Auseinandersetzung mit der Zorneslehre der Peripatetiker, die diesem Affekt in bestimmten Lebenslagen eine sinnvolle Funktion zuerkannt hatten. *De constantia sapientis* («Über die Standhaftigkeit des Weisen») sowie die wahrscheinlich am Ende von Senecas politischer Karriere entstandenen Schriften *De tranquillitate animi* («Von der Seelenruhe») und *De otio* («Von der Zurückgezogenheit») scheinen jeweils, ohne das allgemeine Thema aus dem Blick zu verlieren, eigenes Handeln zu reflektieren und zu rechtfertigen. *De providentia* («Von der Vorsehung») behandelt das stoische Welt- und Gottesbild und zieht daraus ethische Konsequenzen. Eine umfangreiche Abhandlung *De beneficiis* («Über Wohltaten») betrachtet die Angemessenheit von Gaben, die Gesinnung des Gebers, Dank oder Undank des Beschenkten. Die 124 essayistischen *Epistulae morales ad Lucilium* sind zur Veröffentlichung bestimmte Kunstbriefe über richtige Lebensführung. Die ersten Briefe enden häufig mit einem Bonmot Epikurs. Seneca erweist sich nie als stoischer Dogmatiker, sondern als kluger Ratgeber, der auf sein Gegenüber

einzugehen weiß. Die Mahnung zur Selbsterziehung und zu täg-
lichem ‹Training› (griech. *áskesis*) ist durchgängig. Die *Natura-
les Quaestiones* («Physikalische Probleme»), am Ende von Senecas Leben entstanden, tragen seinen naturwissenschaftlichen
Interessen Rechnung. Sie schließen den Kreis seines Lebens-
werks und sind vielleicht, angesichts der heillosen Verfassung
des Staates unter Nero, ein Ausweichen auf ein neutrales Thema.
Seneca selbst rechtfertigt die Schrift auch mit dem Hinweis,
Kenntnis der Natur befreie von unbegründeter Furcht.

L. ANNAEUS SENECA d. Ältere (geb. ca. 55 v. Chr. in Corduba
[Spanien], gest. ca. 39 n. Chr.) verkehrte in den führenden intellektuellen und gesellschaftlichen Kreisen in Rom. Aus seiner
Ehe mit Helvia gingen drei Söhne hervor: L. Annaeus Novatus,
der unter dem von seinem Adoptivvater angenommenen Namen
Gallio in der Apostelgeschichte (18,12–17) als Prokonsul von
Achaia Paulus gegenübersteht, L. Annaeus Seneca, der Philo-
soph, und M. Annaeus Mela, der Vater Lukans. Ein beträcht-
liches Vermögen gestattete es ihm, sich in Unabhängigkeit der
Erziehung der Söhne zu widmen, die in altrömischer Strenge erfolgte. In hohem Alter wandte er sich der rhetorischen Schriftstellerei zu, weshalb er zur Unterscheidung von seinem Sohn
bisweilen ‹Seneca rhetor› genannt wird. Erhalten sind die Bücher 1, 2, 7, 9, 10 sowie Exzerpte von ursprünglich 10 Büchern
Controversiae (fiktive Rechtsfälle) und ein Buch *Suasoriae* (Ratschläge für historische oder mythische Personen). Beide Gattungen wurden im Rhetorikunterricht gepflegt. Senecas Maßstab
war Cicero. Ihm folgte er auch in der Forderung nach umfas-
sender Bildung des Redners. Seine Schriften enthalten scharfsichtige Literaturkritik sowie Zitate aus verschiedenen Gattungen. Den jungen Ovid hatte Seneca bei seinem eigenen einstigen
Lehrer Arellius Fuscus deklamieren hören und ihn in den *Con-
troversien* knapp, aber treffend charakterisiert.

Die Nachklassik ist nicht mehr die Zeit der Rhetorik, wohl aber
der bewertenden Rückschau. Wie Seneca rhetor war auch Quintilian ein Archaist und Verehrer Ciceros. M. FABIUS QUINTI-

LIANUS (geb. um 35 n. Chr. in Calagurris [Spanien], gest. um 95
n. Chr.) wurde in Rom erzogen und kehrte nach Lehrtätigkeit in
seiner Heimat unter Galba im Jahr 68 nach Rom zurück. Vespasian ernannte ihn 78 zum ersten staatlich besoldeten Rhetoriklehrer, Domitian machte ihn zum Erzieher am Hof. In seinem
Alterswerk, der *Institutio oratoria* («Unterweisung in Rhetorik», zwölf Bücher), stellte er das gesamte Gebiet der Redekunst
in den Rahmen eines umfassenden Erziehungs- und Bildungs-
konzeptes. Vom Redner verlangte auch er profunde Bildung.
Mit dem aphoristischen Redestil des jüngeren Seneca geht
er hart ins Gericht. Er hat wohl erkannt, wie sehr dessen poin-
tenreicher Stil gerade jugendliche Hörer in seinen Bann schlug,
und befürchtete, Nachahmer, die nicht über dieselbe Souveränität wie das Vorbild verfügten, könnten verdorben werden
(10,1,128–131). Buch 10 enthält einen Abriß der griechisch-
römischen Literaturgeschichte. In einer verlorenen Schrift *De
causis corruptae eloquentiae* («Über die Gründe des Niedergangs der Beredsamkeit») wird er vermutlich den moralischen
Verfall für den Bedeutungsverlust der Redekunst verantwortlich
gemacht haben. Das konservative pädagogische Programm des
‹Klassizisten› Quintilian entspringt nicht zuletzt dem (auch von
anderen Zeitgenossen bezeugten) Unbehagen an der eigenen
Gegenwart.

M. CORNELIUS FRONTO (geb. in Cirta [Numidien], 2. Jh. n. Chr.)
war wie Quintilian ein Gegner Senecas. Selbst über Cicero hatte
er ein zwiespältiges Urteil, schulte er seinen Stil doch an der vor-
klassischen römischen Literatur. Zu seiner Vorliebe für die frühe
Zeit Roms paßte auch sein dezidiert unphilosophischer Gestus.
Kaiser Antoninus Pius bestellte den angesehenen Redner zum
Prinzenerzieher für die späteren Regenten M. Aurelius und
L. Verus. 143 wurde Fronto das Konsulat übertragen. Die Reden sind verloren, als Person wird er jedoch aus seinem in einem
Bobbienser Palimpsest erhaltenen (1815 entdeckten) Briefwech-
sel mit M. Aurelius greifbar. Er erscheint als liebenswürdiger Er-
zieher, der von seinen Schülern Respekt und Zuneigung erfuhr.
Sein Archaismus als Suche nach dem Reinen, Ursprünglichen ist

eine Parallelerscheinung zu dem gleichzeitigen griechischen Attizismus; mit dem Attizisten Herodes Atticus war Fronto befreundet.

Aulus Gellius (2. Jh. n. Chr.) war ein gebildeter Römer, der ein zwanzigbändiges Miszellenwerk zu den unterschiedlichsten Wissensgebieten in ansprechender, bisweilen anekdotischer Form verfaßte, dem er in Erinnerung an einen einjährigen Studienaufenthalt in Athen den Titel *Noctes Atticae* («Attische Nächte») gab. Wertvoll sind zahlreiche Zitate aus und Urteile über die teilweise verlorene ältere römische Literatur. Seine archaisierende Neigung verdankt er vielleicht Fronto. Für Gellius war *eruditio institutioque in bonas artes* («Kultiviertheit und Bildung zu guten Eigenschaften») (13,17,1) Ausdruck höchster Humanität.

Antiquarisches und Fachschriften

Die Zusammenstellung von Lesefrüchten und Kuriosem aller Art, wie Gellius sie betrieb, steht in einer typisch römischen Tradition, der Sammlung und Bewahrung von Altertümern. Der Grund für die ausgeprägte Neigung zu antiquarischen Studien dürfte zum einen in der konservativen Gesinnung der Römer zu suchen sein, zum anderen in dem nagenden Bewußtsein, erst sehr spät mit kulturellen Leistungen in der hellenistischen Welt auf sich aufmerksam gemacht zu haben. So glaubte man, das wenige Erhaltene bewahren und Verlorenes (re-)konstruieren zu müssen. Zu den frühesten Autoren, die sich in diesem Sinne verdient machten, gehört der ältere Cato. In seinem einzigen erhaltenen Werk *De agricultura* («Über Landwirtschaft») zeigt sich eine Mischung aus Konservatismus und Pragmatismus. Seine Regeln scheinen die Abstraktion praktischer Erfahrung zu sein. Neben dem genannten Fachbuch stehen Catos *Libri ad filium* («Bücher an den Sohn»), in denen die für die Römer gehobenen

Standes wichtigsten Tätigkeitsgebiete behandelt wurden, also
etwa Landwirtschaft, Gesundheitspflege, Redekunst und Kriegsdienst. Auch sie scheinen eine Sammlung von nützlichen Anweisungen gewesen zu sein, die merksatzartig Wissenswertes an die
Hand gaben und durchgängig von einem moralisierenden Unterton durchzogen waren.

Für die Sammlung von Altertümern als patriotische Betätigung
kann M. TERENTIUS VARRO (geb. 116 v. Chr. in Reate, gest. 27
v. Chr.) als beispielhaft gelten. Dieser Polyhistor «hat soviel ge-
lesen, daß man sich wundert, wie er noch Zeit zum Schreiben
hatte, und so viel geschrieben (über 600 Bücher), daß es kaum
jemand lesen kann» (Aug. civ. 6,2). Er war jedoch kein weltab-
gewandter Stubengelehrter. Die Ämterlaufbahn führte ihn bis
zur Prätur. Er begleitete Pompeius auf dessen Feldzügen gegen
Sertorius, im Piratenkrieg und gegen Mithridates. Im Bürgerkrieg kämpfte er auf dessen Seite gegen Caesar in Spanien, jedoch ohne Glück (Caes. BC 2,20). Nach der Schlacht von Pharsalos (48) wurde er von Caesar begnadigt und mit dem Aufbau
einer Bibliothek nach alexandrinischem Muster beauftragt.
Dem *Pontifex Maximus* Caesar widmete er eine systematische
Abhandlung über die römische Religion (*Antiquitates rerum
divinarum*, «Göttliche Dinge in alter Zeit», 16 Bücher). Ihr
stellte er 25 Bücher *Antiquitates rerum humanarum* («Menschliche Dinge in alter Zeit») voran. Nach römischer Auffassung
war der Staat die Voraussetzung der Religion. Augustinus wird
im *Gottesstaat* seine Kritik der heidnischen Religion auf Varro
gründen und dadurch wichtige Fragmente überliefern. Römisches Privatleben und Kulturgeschichte behandelte die Schrift
De vita populi Romani («Über das Leben des römischen Volkes»), die Abhandlungen *De gente populi Romani* («Über die
Abstammung des römischen Volkes») und *De familiis Troianis*
(«Über trojanische Familien») ordneten das römische Volk in
die Weltgeschichte ein, *Imagines* (oder *Hebdomades*) waren literarische «Portraits» von Griechen und Römern. Auch der Philosophie wandte Varro sich zu und listete im *Liber de philoso-
phia* 288 teils existierende, teils denkbare Philosophenschulen

auf. Auf philologischem Gebiet handelte Varro über römische Literaturgeschichte (*De poetis, De poematis*) und über die Gattung der Satire (*De satura*). Er dichtete selbst 15 Bücher *Menippeische Satiren* (s. S. 58). *De comoediis Latinis* («Über lateinische Komödien») bestimmte in der wuchernden Plautus-Überlieferung die heute bekannten 21 Komödien als echt (s. S. 50). Vollständig erhalten sind nur die Bücher 5–10 eines ursprünglich 25-bändigen Werks *De lingua Latina* («Über die lateinische Sprache») sowie das drei Bücher umfassende Alterswerk *De re rustica* («Über den Landbau»). Darin wird in der gefälligen Form des platonischen Dialogs Lehrbuchwissen literarisch aufbereitet. Varros Vorliebe für Systematisierungen ist auch hier erkennbar. Bauernromantik und Verklärung der Vergangenheit machen Varro zu einem Wegbereiter der augusteischen Epoche.

Vitruvius Pollio? (1. Jh. v. Chr.) war Militäringenieur unter Caesar und Augustus und widmete letzterem sein zehnbändiges Alterswerk *De architectura* («Über Architektur»). Er hat damit als erster eine umfassende, systematisch gegliederte Architekturschrift in lateinischer Sprache vorgelegt. Er begann seine Arbeit wohl um die Mitte der dreißiger Jahre und war, ebenso wie die großen Polyhistoren Varro und Verrius Flaccus, Repräsentant einer bildungshungrigen Zeit, die Bibliotheken baute und Wissen kompilierte und ordnete. Seine wissenschaftlich-technischen Interessen stehen – auch darin gleicht er zeitgenössischen Intellektuellen – im Einklang mit den politischen Bestrebungen, in diesem Fall der Bautätigkeit, des nachmaligen Kaisers Augustus. Nach eigener Angabe baute er eine Basilika in Fanum, vielleicht seiner Heimatstadt. Vitruv war weniger Architekturhistoriker als Architekturtheoretiker; er beschrieb nicht Gebäude, wie sie waren, sondern legte dar, wie sie sein sollten, wobei er ästhetische und praktisch-technische Fragen behandelte. Er konnte sich sowohl auf eigene praktische Erfahrung als auch auf gründliche Kenntnis der einschlägigen griechischen Fachschriftsteller stützen. Selbst mit den Anforderungen der Rhetorik vertraut, fordert er vom Architekten umfassende Bildung. In der Renaissance wurde Vitruv zum unangefochtenen Referenzautor. Leon Battista Alberti (15. Jh.) berief sich auf ihn, Palladio (16. Jh.) nannte ihn seinen Meister und Führer. Es beeindruckte die Humanisten besonders, daß Vitruv die Proportionen am Bau von denjenigen des menschlichen Körpers ableitete. Die bekannteste Nachempfindung von Vitruvs Proportionsfigur stammt von Leonardo da Vinci (15./16. Jh.).

Einen Nachfolger in der Agrarschriftstellerei fand Varro in L. IUNIUS MODERATUS COLUMELLA (aus Gades), der unter Claudius (41–54 n. Chr.) ein zwölf Bücher umfassendes Werk über den Landbau in gepflegter Prosa vorlegte, das 10. Buch über den Gartenbau in Hexametern. Es werden allgemeine Fragen der Landwirtschaft sowie Ackerbau, Weinbau, Baumpflanzungen, Viehzucht und die Pflichten des Verwalters behandelt. Er dürfte u. a. von AULUS CORNELIUS CELSUS beeinflußt sein, der unter Tiberius (14–37 n. Chr.) über dasselbe Thema geschrieben hatte. Celsus war wie Varro ein Universalgelehrter und Enzyklopädist. Erhalten sind von ihm nur acht Bücher *De Medicina*, an deren Anfang ein kenntnisreicher Überblick über die Geschichte der griechischen Heilkunst steht. Das Werk behandelt u. a. Fragen der Diätetik, Pharmakologie und Chirurgie. Das 1. Buch ist eine Art ‹Gesundheitsratgeber›.

C. PLINIUS SECUNDUS d. Ältere (geb. 23/24 n. Chr. in Como, gest. 24.8.79 beim Ausbruch des Vesuvs) hat Celsus ausgiebig benutzt. Wie dieser ein Enzyklopädist, widmete er sich mit gewaltiger Arbeitskraft der Dokumentation des vorhandenen Wissens. Erhalten sind 37 Bücher *Naturalis historia* («Naturkunde»), die eine wichtige Quelle zu Kosmologie, Geographie, Zoologie, Botanik, Medizin, Pharmakologie, Mineralogie, auch Kunstgeschichte darstellen. Sein Neffe, der jüngere Plinius, bezeugt eindrucksvoll die enorme Gelehrsamkeit des Oheims, der jede freie Minute zum Lesen genutzt habe in der Meinung, kein Buch sei so schlecht, daß man nicht doch irgendeinen Nutzen daraus ziehen könne (epist. 3,5,11).

Das letzte datierbare Werk der römischen Literatur ist die 238 n. Chr. entstandene Schrift des CENSORINUS *De die natali* («Über den Geburtstag»). Sie handelt vom Genius, dem an Geburtstagen geopfert wurde, vom Ursprung des Menschengeschlechts und des Individuums, von Astrologie und Altersstufen und schließlich von der Zeit allgemein. Vieles dürfte aus Varros Schriften gewonnen sein.

Ausblick

Die christliche lateinische Literatur setzt mit den Apologeten MINUCIUS FELIX (um 180) und TERTULLIAN (um 200) ein. Sie versuchten, mit den Mitteln der antiken Rhetorik den Heiden den neuen Glauben nahezubringen, indem sie ihn mit den wahren Tugenden der Römer verbanden und aus der stoischen Ethik heraus begründeten. Für die christlichen Literaten ist die heidnische Bildung ein Mittel zum Zweck. Das Christentum konnte sich so schnell ausbreiten, weil es sich neben dem Griechischen der Weltsprache Latein bemächtigte, in die Strukturen des Römischen Reiches hineinwuchs und diese allmählich übernahm. Umgekehrt hat das Christentum dem Latein das Überleben gesichert, es zur ‹lingua franca› gemacht, die den Zugang zur antiken Bildung und somit zum damaligen Weltwissen überhaupt erst ermöglichte. Der affirmative Rombezug aus der Anfangszeit der römischen Literatur spielte begreiflicherweise keine Rolle mehr. Die christlichen Autoren hatten nicht mehr das Gemeinwesen als Ganzes im Blick, sondern die Heiligung des einzelnen; darin ähnelten sie den hellenistischen Philosophenschulen. Ihre Religion übernahm gewissermaßen eine Aufgabe, die zuvor von Stoa und Epikureismus erfüllt worden war. Dieses Erbe des Christentums erleichterte den Brückenschlag zwischen Vernunft und Glaube, zwischen Ethik und Religion und hat das Antlitz des Abendlandes geprägt.

Literaturhinweise

Fragmentsammlungen

Beck, H./Walter, U. (Hgg.): Die frühen römischen Historiker, I. Von Fabius Pictor bis Cn. Gellius; II. Von Coelius Antipater bis Pomponius Atticus. Hrsg., übers. u. komm., Darmstadt 2001–2004.

Courtney, E. (Hg.): The Fragmentary Latin Poets. Ed. with comm., Oxford 1993.

Keil, H. (Hg.): Grammatici Latini, I–VII, Leipzig 1855–1880.

Malcovati, H. (Hg.): Oratorum Romanorum Fragmenta, Turin ²1955.

Morel, W./Büchner, C./Blänsdorf, J. (Hgg.): Fragmenta Poetarum Latinorum Epicorum et Lyricorum. Praeter Ennium et Lucilium, Stuttgart/Leipzig ³1995.

Peter, H. (Hg.): Historicorum Romanorum Reliquiae, 2 Bde., Stuttgart 1993.

Ribbeck, O. (Hg.): Scaenicae Romanorum Poesis Fragmenta, I. Tragicorum Fragmenta; II. Comicorum Fragmenta, Leipzig 1871–1873.

Vahlen, J. (Hg.): Ennianae Poesis Reliquiae, Leipzig ²1903.

Literaturgeschichten

Albrecht, M. v.: Geschichte der römischen Literatur von Andronicus bis Boëthius, 2 Bde., München ²1994.

Bardon, H.: La littérature latine inconnue, 2 Bde., Paris 1952–1956.

Bieler, L.: Geschichte der römischen Literatur, 2 Bde., Berlin/New York ⁴1980.

Conte, G. B.: Die Literatur der Augusteischen Zeit/Die Literatur der Kaiserzeit, in: Einleitung in die lateinische Philologie, hrsg. v. F. Graf, Stuttgart/Leipzig 1997, 192–296.

Fuhrmann, M. (Hg.): Römische Literatur (Neues Handbuch der Literaturwissenschaft, 3), Frankfurt am Main 1974.

Fuhrmann, M.: Geschichte der römischen Literatur, Stuttgart 1999.

Gall, D.: Die Literatur in der Zeit des Augustus, Darmstadt 2006.

Lefèvre, E.: Die Literatur der republikanischen Zeit, in: Einleitung in die lateinische Philologie, hrsg. v. F. Graf, Stuttgart/Leipzig 1997, 165–191.

Leo, F.: Geschichte der römischen Literatur, I. Die archaische Literatur, Berlin 1913.

Norden, E.: Die römische Literatur, Stuttgart ⁷1998.

Reitz, C.: Die Literatur im Zeitalter Neros, Darmstadt 2006.

Sallmann, K. (Hg.): Die Literatur des Umbruchs. Von der römischen zur christlichen Literatur. 117–284 n. Chr. (Handbuch der lateinischen Literatur der Antike, IV., hrsg. v. R. Herzog/P. L. Schmidt), München 1997.

Schanz, M./Hosius, C./Krüger, G.: Geschichte der römischen Literatur bis zum Gesetzgebungswerk des Kaisers Justinian, 4 Tle. in 5 Bden., München ¹⁻⁴1914–1935.

Suerbaum, W. (Hg.): Die archaische Literatur. Von den Anfängen bis Sullas Tod. Die vorliterarische Periode und die Zeit von 240–78 v. Chr. (Handbuch der lateinischen Literatur der Antike, I., hrsg. v. R. Herzog/P. L. Schmidt), München 2002.

Autorenregister